Mathias Jung

Keine Zeit

Atempausen
im Zeitalter der Beschleunigung

Wir sind große Narren! „Er hat sein Leben im Müßiggang hingebracht", sagen wir; „Heute habe ich nichts getan." Wie das? Haben wir nicht gelebt? Das ist nicht nur die grundlegendste, sondern auch unsere vornehmste Tätigkeit.

Michel Eyquem de Montaigne (1533 – 1592)
Essays

Mathias Jung

Keine Zeit

Atempausen
im Zeitalter der Beschleunigung

emu-Verlag

ISBN 978-3-89189-194-0

1. Auflage 2011

Umschlaggestaltung: Martin Gutjahr-Jung
Fotos: Martin Gutjahr-Jung
© 2011 by emu Verlags- u. Vertriebs GmbH, Lahnstein
Alle Rechte, auch die des auszugsweisen Nachdrucks,
der fotomechanischen Wiedergabe und der Übersetzung
vorbehalten.
Gesamtherstellung: Kösel, Krugzell

Inhaltsverzeichnis

Leben im Stand-by-Modus:
Das ausgebrannte Ich

Aufwachen, den Computer einschalten und neue Mails lesen. Stets erreichbar sein, übers Handy oder über das elektronische Postfach – es scheint, als habe der Mensch in Zeiten der Smart-Phones und Laptops etwas Bedeutendes verloren: Die Fähigkeit zur Muße.

DER SPIEGEL 29/2010

Ich stehe unter Strom. Ich muss alles wissen. Stunden verbringe ich hinter meinen Tages- und Wochenzeitungen, Politmagazinen und Periodika. Noch spät am Abend verfolge ich die politischen Dokumentationen im Fernsehen. Nach dem Atomunfall von Fukushima im März 2011 kam ich wochenlang gar nicht mehr los vom Bildschirm. Manchmal dröhnt mir der Kopf von diesem täglichen Informations-Tsunami. Vergeblich stelle ich in meinem geräumigen Praxisraum die Bronzestatue eines anmutigen jungen Buddha auf. Er soll mich zur Gelassenheit und Ruhe ermahnen. Immerhin werde ich am Ende des unheilvollen Fukushima-Jahres siebzig Jahre alt. Da komme ich an einer aufwühlenden

Erkenntnis nicht vorbei: Ich bin ein alter Mann. Stehen nicht, im Zeichen meiner sichtbaren Endlichkeit und ablaufenden Lebensuhr, existenzielle Themen für mich an?

Ich habe mich medial überfressen. Damit stehe ich nicht allein. Ich sehe als Therapeut, dass wir mit diesem Unmaß an meist belanglosen Informationen etwas kompensieren wollen. Als ob wir mit Maßlosigkeit ein seelisches Loch in uns zu stopfen versuchen. Eine innere Leere soll da gefüllt werden – mit Essen, Alkohol, Nikotin oder mit ausschweifendem Fernsehkonsum, Computerspielen und ständiger Handy- und Internetgeschwätzigkeit. Aber das sind Dinge, die uns nie satt machen. So verhungern wir im Übermaß.

Wo bleibt die Muße, die der Dichter und Literaturkritiker Friedrich Schlegel (1772 – 1829) in seinem erotischen Skandalroman *Lucinde* so enthusiastisch rühmte: „O Müßiggang, Müßiggang! Du bist Lebenslust der Unschuld und der Begeisterung; dich atmen die Seligen und selig ist, wer dich hat und hegt, du heiliges Kleinod! Einziges Fragment von Gottähnlichkeit, das uns noch aus dem Paradies blieb."

Ich entschloss mich zum einmonatigen Entzug von der Droge Information, dem nervigen Stand-by-

Modus und Nachrichtenhopping. Obwohl es sich nur um vier Wochen handelte, war ich nervös. Würde ich das überleben? Fiele ich aus der Gesellschaft? Verblödete ich?

Wie kam ich zu diesem Experiment im Sommer 2010? Es war mein Sohn Martin, der mich während unserer Ferien am Lago Maggiore anrief. Ihm sei der Bericht eines Redakteurs der *Süddeutschen Zeitung* in die Hände gefallen, der sich, zum fassungslosen Erstaunen seiner Redaktion, sechs Monate lang aller technischen Hilfsmittel vom Internet bis zum Handy entledigt habe. Für ein halbes Jahr bewältigte er Beruf und Privatleben ohne diese Prothesen. Ob ich, fragte Martin ebenso freundlich wie verführerisch, etwas Ähnliches probieren wolle? So wie er sozusagen musiksüchtig sei, habe ich doch wohl eine Tendenz zur medialen Informationssucht. Dem konnte ich nichts entgegensetzen. Ich hänge in der Tat am Tropf von Büchern, Zeitschriften und Fernsehen. Er füllt meine Tage und langen Abende. Ich sammele Daten und Fakten wie andere Briefmarken. Ich will Bescheid wissen, und zwar täglich. Über die Finanzkrise, die Heirat von Prinz Albert, die politische Lage im Nahen Osten und die aktuelle Ausstellung im Arp-Museum. Aber muss ich wirklich alles bis in die fernsten Details wissen? Oder suche ich nur das Gefühl, dabei zu sein, mitreden zu können?

Fürchte ich mich möglicherweise vor mir selber? Wie sagt das deutsche Sprichwort: „Wer flieht, wird gejagt."

Später las ich dann den Bericht des Redakteurs der *Süddeutschen Zeitung* Alex Rühle (*Ohne Netz. Mein halbes Jahr offline*, Stuttgart 2010). Es ist das erstaunliche Protokoll eines radikalen Entzugs. Am Beginn seines Experiments schreibt Rühle noch humorvoll-entspannt: „War ein eher ruhiger Tag: Achtundsechzig Mails im Eingang, fünfundvierzig geschrieben. Ich mache den Rechner aus, ziehe meine Jacke an, stelle mich in den Aufzug und denke: ‚Harakiri. Gute Nacht, du schöne Welt.'" Der Mann ist keineswegs technikfeindlich: „Ich mache all das nicht, weil ich das Internet doof finde. Im Gegenteil, ich verbringe den Großteil meiner wachen Zeit im Netz, weil ich es großartig finde, ein riesiges Versprechen … Ich habe aber das Gefühl, dass ich mir darin selbst abhanden komme. Dass es mich schluckt. Mein Kopf glich abends, wenn ich vom Büro heimradelte, oft einem neuronalen Flipperautomaten, dessen Drähte nach der Arbeit noch stundenlang im Dunklen nachglühten. Im Nachhinein kamen mir solche Tage vor, als hätte ich in der staubtrockenen Luft eines Kopierladens fortwährend nur leere Blätter in die Luft geworfen, bleiche, zerfaserte Zeit."

Versäumte Alex Rühle mit seinem digitalen Fastenkurs etwas? Am Ende notiert er: „Heute Nacht werden auf meinem SZ-Rechner wieder Mozilla, Firefox, Internet-Explorer, Skype und Lotus-Notes installiert. Morgen früh will ich dann in der *Süddeutschen Zeitung* vor ein paar Zeugen in meinen digitalen Rotlichtbezirk schauen, die vielen tausend ungelesenen Mails." Tatsächlich: „In meinem Account haben 5644 ungelesene Mails auf mich gewartet. … Meine Befürchtung, kolossale Umbrüche in dem halben Jahr verpasst zu haben, war unberechtigt."

Und ich? Mein Protokoll beginnt nach der Rückkehr vom sommerlichen Lago Maggiore wie folgt: „In Lahnstein angekommen, sehe ich, die Straßen sind leergefegt. Es ist nachmittags. Das Fußballspiel Deutschland – England ist in Gang. Ich lasse den Fernsehapparat links liegen und gehe lieber in das warme Nass unseres Schwimmbeckens. Bis zum Sonnenuntergang liege ich faul auf dem Liegestuhl. Dann ist die Sonne weg. Was soll ich tun? Die neu eingetroffenen Zeitschriften sind tabu für mich. Stattdessen mache ich noch eine Stunde Gartenarbeit. Ich räume die Äste und Schlingpflanzen beiseite, die unser Gärtner von der Pergola um unser Schwimmbecken abgesägt hat. Die körperliche Arbeit tut mir gut. Es ist ein köstlicher Sommerabend.

Meine Frau und ich gehen noch spazieren. Ich gehe ins Bett. Ich schlafe tief."

Tags darauf: „Ein ruhiger Tag. Zum Frühstück keine Zeitung. Also benutze ich die Zeit um den Urlaubskoffer auszupacken. Ich beginne, die eingetroffene Post, Kontoauszüge, Patientenbriefe zu sortieren. Keine Pflicht zur Zeitungslektüre treibt mich an. Danach bis ein Uhr mittags Sitzungen in der Praxis. Dann gehe ich ans Schwimmbecken. Zuvor werfe ich noch Bella, unserer Neufundländerin, Stöckchen in den Teich. Sie schwimmt ihre Kreise. Im Liegestuhl schreibe ich die Karteikarten der morgendlichen Sitzungen und rekonstruiere ihre Abläufe. Ich denke nach. Ich notiere mir einige Gedanken über Bücher und Vorträge." Die Ruhe ist fruchtbar. Sören Kierkegaard (1813 – 1835) erkannte: „Wenn die Stille einkehrt, passiert am meisten."

Am Abend des gleichen Tages breche ich zu einem Vortrag im Westerwald auf. Mein Thema: *Trennung als Aufbruch*. Im Auto Stille. Keine Radiomusik. Keine CD. Diesmal ist es nur ein kleines Publikum von rund hundert Teilnehmern, aber es ist interessiert und offen. Dann passierte etwas Spannendes, was mit meinem medialen Entzug zu tun hat. Ich sitze nämlich nach dem Vortrag mit den Veranstaltern sowie einer Nierenärztin und zwei Psychotherapeutinnen draußen im Biergarten des Restaurants. Ich bestelle mir ein Couscous mit Auberginen und süß-sauren Beilagen. Es schmeckt fabelhaft. Ich erzähle von meinem Experiment. Darüber entwickelt sich eine spannende Diskussion.

Die Ärztin berichtet, dass sie seit fünfzehn Jahren keine Tageszeitungen mehr liest und ihren Fernseh-konsum minimalisiert hat. Sie zieht das Fazit: „Ich bin ruhig geworden und habe mehr Zeit für mich." Ich spüre, der diätetische Umgang mit den Medien ist eine allgemeine Frage, nicht nur mein Problem. Die Frau, die sich gerade in Trennung von ihrem Mann befindet, erzählt, er habe sich fast jeden Abend in das „Fernsehzimmer" zurückgezogen, dort auch seinen Computer installiert und sei daraus erst spät nachts aufgetaucht. Das eheliche Gespräch sei er-loschen.

Wie mir das aus der therapeutischen Praxis vertraut ist! Die meisten Paarkonflikte entstehen nicht aus prinzipieller Unverträglichkeit, sondern aus Kom-munikationsdefiziten. Das sprachlose Paar driftet auseinander. Zwei Erzübel schleichen sich ein: der Fernseher und der Computer. Männer verziehen sich Abende lang in ihr virtuelles Eldorado. Einige Hunderttausend von ihnen sind sexsüchtig und laden Nacht für Nacht Pornos herunter. Analog dazu verabschieden sich Zärtlichkeit und Sexualität aus dem ehelichen Alltag. Was das Fernsehen angeht, sind Mann und Frau oft beide Kommunikationssünder. Der durchschnittliche Deutsche sieht, nach einer ARD-Erhebung aus dem Jahr 2010, täglich 256 Minuten in die Röhre. Wo bleibt da noch Zeit für Gespräche, Berührungen, gemeinsame Spiele, Lesen, Lernen und Erotik? Nichts gegen das Medium an sich. Fernsehen macht Kluge klüger und Dumme dümmer. Schaden oder Nutzen hängen von der Art ab, wie wir damit umgehen. Es ist wie beim Trinken. Wer Herr über seinen Durst ist, ist Herr über sich.

Zur Ruhe kommen? Dafür ist für Jugendliche wie für Erwachsene in der Digitalgesellschaft keine Zeit. Mit dem Ergebnis dürfen sich dann Ärzte, Psychiater und Psychotherapeuten unter dem diagnostischen Begriff *Burnout* auseinandersetzen. Diese Krankheit ist im Grunde meist deckungsgleich mit der Erschöpfungsdepression. Aber da die Krankheit Depression immer noch stigmatisiert und vor allem für Männer inakzeptabel ist, spricht man(n) nicht davon. Burnout klingt irgendwie kerniger, eher, wie ein Beleg dafür, wirklich *alles* gegeben zu haben.

Dass allgegenwärtige *Multitasking* überfordert das Gehirn. Es stresst. Folglich breitet sich Burnout in der Leistungs- und Selbstausbeutungsgesellschaft epidemisch aus. Im Kern ist es die Angst vor dem Scheitern und dem sozialen Abstieg. Natürlich ist unser Selbst nicht erschöpft, weil wir ein Smartphone besitzen. Gefährlich wird es, wenn wir beginnen, unser Leben an medialen Wertmaßstäben auszurichten. Wenn Mails, Facebook und Skype uns diktieren, wann wir was tun und wo wir mit wem reden. Der Mediziner kennt die Symptome dieser permanenten Entgrenzung der Arbeit bis in den Privatbereich: Kopfschmerzen, Durchfall, Schweißausbrüche. Bleierne, nie endende Müdigkeit, der Verlust „echter" sozialer Kontakte.

Das ist auch *politisch* nicht unbedenklich. Als Winfried Kretschmann, 63, von der Illustrierten STERN (32/2011) gefragt wurde, ob ihm der Politikbetrieb zu schnell sei, antwortete der erste Grüne Ministerpräsident: „Ja, die Medien, das Internet, eben die modernen Kommunikationsmittel verstärken eine unheilvolle Kurzatmigkeit der Politik. Es lässt sich kaum noch die Zeit finden zum sorgfältigen Prüfen der Dinge. Der Mensch zerschneidet die Zeit, Gegenwart und Zukunft lösen sich auf." Und: „Man braucht in diesem Getriebe sehr viel Disziplin, und ich stemme mich gegen das Fast-Food-Leben." Fast-Food-Leben, das trifft es.

Die immerwährende Verfügbarkeit und Erreichbarkeit, das Diktat der inneren Antreiber nennt der französische Philosoph Paul Virilio einen „rasenden Stillstand". Die neueste E-Mail ist wichtiger als das Gespräch mit dem Partner, das Spiel mit dem Kind oder die ruhige Lektüre im Liegestuhl. Das Leben fliegt im Tempo dahin, statt wie ein langer, ruhiger Fluss zu fließen. Wir verlieren die Fähigkeit, offline zu gehen, abzuschalten und uns geistig und seelisch zu öffnen.

Was tun wir dagegen nicht alles für unseren Körper! Wir halten – meist unsinnige – Diäten ein, kaufen Bio-Produkte, wir joggen oder machen Nordic-Walking oder beides – früher sprach man etwas bescheidener vom Dauerlauf. Wir verfügen über einen Folterkeller voller Sportgeräte, Hanteln, Ruderbänke und Mountainbikes. Wir treiben Frühgymnastik. Wir gehen auch noch zur fragwürdigsten medizinischen Vorsorge, solange die Kasse zahlt. Wir beruhigen unser Gesundheitsgewissen mit sinnlosen und idiotisch teuren Nahrungsergänzungsmitteln – und erreichen das Gegenteil. Kurz, den Körper betreuen wir mit der Aufmerksamkeit einer Intensivstation, den Geist aber strapazieren wir bedenkenlos. „Dort", so warnt Ulrich Schnabel (in *Muße. Vom Glück des Nichtstuns*, München 2010), „frönen wir häufig einer ungezügelten Völlerei, überreizen unser Denkorgan mit zu vielen, falschen oder unwichtigen Informationen und kommen kaum auf den Gedanken, dass unser Gehirn dies alles ja verdauen muss und dass es – wie jedes Organ – Zeit der Regeneration braucht." Wir machen uns zu Opfern des Informationsterrors.

Ulrich Schnabel berichtet über ein denkwürdiges Experiment: „Mitte der Sechzigerjahre, als die Menschheit sich anschickte, ins Weltall aufzubrechen, erreichte den Doktoranden Ernst Pöppel eine ungewöhnliche Anfrage der NASA: Wie würden Astronauten wohl auf die Isolation in einer engen Raumkapsel reagieren, wollte die Raumfahrtbehörde wissen."

Der Neuropsychologe Pöppel, heute emeritierter Professor, arbeitete zu dieser Zeit an einem Institut im Bayerischen Andex, das in einem tief im Fels gelegenen Gewölbe „Bunker-Experimente" durchführte, um das Geheimnis der biologischen Uhr und des Schlaf-Wach-Rhythmus zu erforschen. Der Psychologe befürchtete, die eingeschlossenen Probanden würden unter quälenden Gefühlen leiden. Also stieg er selbst in den Bunker. Schnabel: „Als ‚interessantesten Moment' hat der Hirnforscher das Ende des Experimentes in Erinnerung, als er nach zwei Wochen wieder ins Freie trat. ‚Ich fühlte mich auf eine Art geläutert, die fast schon eine religiöse Komponente hatte. Es war wie eine innere Reinigung, ich hatte sozusagen Kontakt mit mir selbst aufgenommen und erlebte, das ich von all dem Trubel um mich rum unabhängig sein konnte.' Solche Erlebnisse sind heute nur wenigen vergönnt. Eine Auszeit, in der man ‚mit sich selbst Kontakt aufnimmt' – davon können die meisten lediglich träumen. Im Gegenteil, wir sind allzeit erreichbar – und haben zugleich ständig Angst, etwas zu verpassen und abgehängt zu werden. Wir leiden an Reizüberflutung und dem Gefühl ständiger Überforderung – und gieren gleichwohl nach schnelleren Datenleitungen und leistungsfähigeren Handys. Wir fühlen, wie unsere Zeit immer knapper wird, sehnen uns nach Muße – und fürchten zugleich nichts so sehr wie das Nichtstun und die Langeweile."

Auch mir ging es, im verkleinerten Maßstab natürlich, wie dem Doktoranden Ernst Pöppel vor einem halben Jahrhundert: Am Ende meiner vierwöchigen Auszeit fühlte ich mich erstmals seit Jahren wieder ruhig, konzentriert und in meinem Herzen angekommen. Ich genoss die Spaziergänge, den Duft von Blumen, das Kneippen im Becken, das kindliche Mensch-ärgere-dich-nicht-Spiel mit meiner Frau, das Albern mit meinem Neufundländer, die ruhigen Gespräche mit Freunden. Es war in der Tat wie eine

Katharsis, eine seelische Reinigung und Selbstbegegnung. Natürlich habe ich meine Zeitungslektüre, das Fernsehen und die Radionachrichten wieder aufgenommen, aber in einem reduzierten Maß. Ich pflege die Raum- und Zeitinseln meiner Ruhe. Alle meine Bücher, wie auch dieses, habe ich in der Ferienruhe am Lago Maggiore diktiert, beschützt durch die Stille und ihre verborgene Konzentration auf das Wesentliche. Goethe (1749 – 1832) sagt (in *Loge*) das so: „Leise, leise! Stille, stille!/Das ist erst das wahre Glück."

Was ich langfristig verändert habe? In diesem Winter buchte ich von Dezember bis Januar vier Wochen in einer Ferienwohnung an einem Maar in der Eifel: Herrlicher Panoramablick auf den geheimnisvollen vulkanischen Kratersee. Ruhe für meine Frau, mich und unsere Neufundländerliebe Bella. Spazieren, Kochen, Sauna, Lesen. Im nächsten Jahr werden es schon fünfzehn Wochen Urlaub … Warum nicht auch faul sein? Faulsein wird denunziert. „Der Weg des Faulen ist wie ein Dornengestrüpp", heißt es in Sprüche Salomons (15,19), „der Pfad des Redlichen aber ist gebahnt". Das deutsche Sprichwort warnt: „Der Faulenz und das Lüderli/sind zwei Zwillings-Brüderli." Oder: „Eine sitzende Krähe verhungert." Ich möchte mich künftig viel lieber an eine andere Weisheit hallten: „Faule haben allzeit Feiertag."

Das ausgebrannte Ich steht am Ende der entnervenden digitalen Zerstreuung. Darüber belehrt uns auch die Gehirnforschung. Schnabel: „Dass die gezielte Reduktion von Reizen hilfreich ist, weiß jeder Arbeitspsychologe. Längst ist wissenschaftlich bestätigt, dass unser Denkorgan beim ziellosen Nichtstun keinesfalls untätig ist; im Gegenteil, manche Hirnregionen sind beim Tagträumen, Schlafen oder Meditieren sogar stärker aktiv als beim zielgerichteten Denken. Hierin liegt auch eine Erklärung für jene Geistesblitze, die uns mitunter aus dem Nichts heraus durchzucken. Denn wenn äußere Informationsflut fehlt, kann das Gehirn auf einen riesigen Schatz an gespeichertem ‚inneren Wissen‘ zurückgreifen – Erinnerung, kulturelle Prägungen, unbewusst Aufgeschnapptes und längst wieder Vergessenes. Befreit vom Input, kann das Gehirn gewissermaßen in sich selbst spazieren gehen, es kann Verbindungen zwischen Nervenzellen knüpfen und so neue Zusammenhänge zwischen gespeicherten Fakten herstellen."

Die Stille öffnet Augen und Ohren für das Neue. Die neue Epoche der Technik nannte Goethe warnend das *Velociferische* Zeitalter. In ihm verbinde sich die Eile *(velocitas)* mit dem Teufel *(Luzifer)*. Friedrich Nietzsche (1844 – 1900) wiederum diagnostizierte (in: *Menschliches, Allzumenschliches*): „Aus Mangel an

Ruhe läuft unsere Zivilisation in eine neue Barbarei aus. Zu keiner Zeit haben die Thätigen, das heißt die Ruhelosen, mehr gegolten."

Inspiration und Glück vertragen sich schlecht mit Businessplänen, Kommunikationshektik und Karrierestrategien. In einer Welt der Agenda wird sich mit Meetings und verordnetem Brainstorming (sic!) beholfen, weil der kreativen Phantasie die Luft zum Atmen fehlt. Dabei wären Atempausen für Leib und Seele dringend angesagt. Antoine de Saint Exupéry (1900 – 1944) wusste: „Manchmal handeln wir, als gebe es etwas Wichtigeres als das Leben. Aber was?"

Zeitspender und Zeitdiebe:
Internet, Blackberry, Spielekonsolen

Immer erreichbar zu sein ist ein moderner Albtraum.
Vicco von Bülow alias Loriot

Ich altmodische Natur habe erst spät und mit bockigem inneren Widerstreben die digitale Medientechnik in Anspruch genommen. Inzwischen schäme ich mich dafür. Es war, so scheint mir, die typische Angst der Alten vor dem Neuen. Dabei hatte ich mich früher wie ein Kind gefreut, erstmalig am Computer Texte fabrizieren und mühelos korrigieren zu können und Faxe in alle Welt zu schicken. Inzwischen bin ich fast täglich mit den Vorzügen und Nachteilen des digitalen Weltgeistes konfrontiert.

Zum Beispiel ärgert es mich, wenn das Gespräch in einer geselligen Runde durch einen eingehenden Handyanruf abrupt unterbrochen wird. Oder wenn mir bei meinen Vortragsreisen im Großraumwagen des Intercitys die digitale Allherrschaft unangenehm

zu Leibe rückt. Die seichte Geschwätzigkeit der Handytelefonierer, die rücksichtslose Ausdünstung des Privaten, das mich nichts angeht und nicht interessiert. Das stumme Brüten vor allem der männlichen Zugreisenden am Laptop – Arbeit und Spielfilme. Ich erinnere mich besonders an eine Fahrt von Koblenz nach München: Nicht einer der Mitreisenden las ein Buch, und die schönen Landschaften zogen ungesehen am Fenster vorbei.

Wie stark das Internet Menschen in seinen unruhigen Bann zieht, erlebte ich hautnah im Frühjahr 2011. Ich hatte mir, angesichts meines sich nähernden siebzigsten Geburtstags, ein Geschenk besonderer Art gemacht. Ich spielte, wie einst als Jesuitenschüler, wieder (Laien-)Theater auf der Städtischen Bühne Lahnstein: *Arsen und Spitzenhäubchen*. Ich genoss die perverse Rolle des Alkoholikers und abgewrackten Chirurgen Dr. Einstein, der seinem gefürchteten Chef Jonathan, einem Massenmörder und Psychopathen, ständig neue Visagen operiert, damit dieser den Fahndungsbildern der Polizei entgeht. Herrlich!

So weit, so gut. Die Regisseurin hatte uns Spielern bei der Generalprobe empfohlen, vor der Aufführung und in der großen Pause in die Ruhe zu gehen, abzuschalten und uns zu konzentrieren. Das Gegenteil geschah. In dem Büroraum, der uns als Aufenthaltsraum und Maske diente, stand ein Rechner. Abend für Abend bildete sich aus dem Ensemble ein Pulk von Usern, die am Bildschirm Fußballspiele, Nachrichten und Musik konsumierten. An Ruhe war nicht zu denken. Andere hingen am Handy oder sendeten und empfingen SMS. Wohlgemerkt, meine Mitspieler waren allesamt liebenswerte Menschen.

Der digitale Hexensabbat erinnerte mich an eine der Kardinalaussagen des Philosophen Martin Heidegger in seinem Jahrhundertwerk *Sein und Zeit* (Tübingen 1927). Darin kritisiert er mit den Begriffen *Aufenthaltslosigkeit, das Gerede, die Neugier, Unverweilen, Zerstreuung* die Unfähigkeit, bei einer Sache zu bleiben. Er kritisiert das konsumistische Sehen des modernen Menschen mit den Worten: „Die freigewordene Neugier besorgt aber zu sehen, nicht um das Gesehene zu verstehen, das heißt in ein Sein zu ihm zu kommen, sondern *nur* um zu sehen. Sie sucht das Neue nur, um von ihm erneut zu Neuem abzuspringen. Nicht um zu erfassen und um wissend in der Wahrheit zu sein, geht es der Sorge dieses Sehens, sondern um Möglichkeiten des Sichüberlassens an die Welt. Daher ist die Neugier durch ein spezifisches *Unverweilen* beim Nächsten charakterisiert. Sie sucht daher auch nicht die Muße des betrachtenden Verweilens, sondern Unruhe und Aufregung durch das immer Neue und den Wechsel des Begegnenden. In ihrem Unverweilen besorgt die Neugier die ständige Möglichkeit der *Zerstreuung*.

Die Neugier hat nichts zu tun mit dem bewundernden Betrachten des Seienden ... Die beiden für die Neugier konstitutiven Momente des *Universellen* in der besorgten Umwelt und der *Zerstreuung* in neue Möglichkeiten fundieren den dritten Wesenscharakter dieses Phänomens, den wir die *Aufenthaltslosigkeit* nennen. Die Neugier ist überall und nirgends. Dieser Modus des In-der-Welt-seins enthüllt eine neue Seinsart des alltäglichen Daseins in der es sich ständig entwurzelt."

Heidegger fährt fort: „Das Gerede regiert auch die Wege der Neugier, es sagt, was man gelesen und gesehen haben muss. Das Überall-und-nirgends-sein der Neugier ist dem Gerede überantwortet. Diese beiden alltäglichen Seinsmodi der Rede und der Sicht sind in ihrer Entwurzelungstendenz nicht lediglich nebeneinander vorhanden, sondern *eine* Weise zu sein reißt die *andere* mit sich. Die Neugier, der nichts verschlossen, das Gerede, dem nichts unverstanden bleibt, geben sich, das heißt dem so seienden Dasein, die Bürgschaft eines vermeintlich echten ‚lebendigen Lebens'." So weit der Existenzphilosoph.

Dass das Internet eine Wundermaschine ist, steht außer Frage. Alex Rühle nennt es in seinem Buch die „beste Wissensorganisationsmaschine der Menschheitsgeschichte". Es besteht kein Zweifel, dass das Internet ein revolutionärer Zeitspender ist. Es erübrigt in den meisten Fällen den Gang zu Bibliotheken, das mühsame Recherchieren bei Behörden, in Lexika und mühsam angelegten Zettelkästen. Aber es macht auch kommunikativ abhängig. Rühle: „Es ist doch beeindruckend schwer zu ertragen, keine Post zu bekommen, wenn man sechzig bis achtzig Mails am Tag gewohnt ist. Sechzigmal am Tag wichtig sein. Sechzigmal warmes Fläschchen fürs Ego, eine Nuckelflasche voll mit süßem Brei, das stille Versprechen, gebraucht, geliebt, angesprochen, umsorgt zu werden. Und ich war das Baby, das keinen Aufschub duldet. Ich habe den Blackberry meist in meiner Hemdtasche getragen, d. h. der Vibrationsalarm ging mir direkt ins Herz. Jetzt klafft da ein riesiges Loch, das freilich keiner sehen kann. Aber ich kann es spüren."

Seine Sucht verlief gleichsam unsichtbar, in Schüben. Der Zeitgenosse Rühle selbst bettelte bei seinen Computerneuerungen immer getriebener um „härteres Zeug". Computerabhängige sind Süchtige mit allen Symptomen der Krankheit. Rühle: „Nur mal eben. Noch kurz. Ganz schnell. Das sind so die

Selbstbetrugsformeln des Online-Süchtigen. So wie der Trinker sagt, nur noch ein Gläschen, sage ich jedes Mal zu mir: Mal eben. Ganz kurz. Und am Ende eines Wochenendes habe ich nur mal eben vierzig Mails beantwortet, damit am Montag Bahn frei ist fürs wirklich Wichtige. Das w i r k l i c h Wichtige, das Wochenende mit den Kindern und Ü. (seine Frau – M. J.) war dann komischerweise nicht ganz so toll wie geplant: Während eines Bauernhofaufenthaltes schlich ich alle halbe Stunde ins Zimmer rauf, weil ich auf eine Mail von einem Freund wartete. Mein Sohn fragte irgendwann, ob ich Bauchweh habe, ich würde immer so schnell im Haus verschwinden. Nein, dachte ich, kein Bauchweh, ich hab' nur Blackberry."

Online-Süchtige rennen ständig zum Rechner oder zücken ihr Smartphone, um ihre Mailbox zu öffnen oder gerade mal schnell irgendetwas zu checken. Die Zerstreuungsmaschine lädt rund um die Uhr zum Surfen ein. Rühle: „Das wahrscheinlich Schlimmste an meiner digitalen Sucht war die Aufmerksamkeitszerstäubung, die Schwierigkeit, konzentriert über lange Strecken an ein und derselben Sache zu arbeiten." Tatsächlich beschweren sich Angestellte in allen Branchen darüber, dass sie die ständigen Unterbrechungen durch frisch eingetroffene Mails nicht an einem Stück arbeiten lassen.

Schlimm wird es, wenn der oder die Betroffene den Stand-by-Modus mit in das Privatleben überträgt. Rühle: „Wenn man mein Surfverhalten tatsächlich als Sucht beschreiben will, dann habe ich in meiner Alltagspraxis – dem verstohlenen Mail-Checken am Schuhschrank, frühmorgens, dem noch mal kurz Ins-Netz-Gehen, wenn alles schläft – einem Pegel-trinker geglichen, der heimlich permanent vor sich hin süffelt, dabei aber weiterhin funktioniert und seine Fahne mit Pfefferminzbonbons verdeckt."

Die Industrie lockt mit den rasenden Renner-Rechnern. Ein Mercedes-Tuner präsentierte 2010 das erste Auto mit integrierten Apple-Geräten. DER SPIEGEL (34/2010) berichtete über die Multimedia-Limousine „iBrabos": „Im Fond des Wagens – das Auto ist als Chauffeur-Limousine konzipiert – steht ein Komplettprogramm von Apple-Spielzeug bereit: Zwei iPads, zwei Tastaturen für umfangreichere Korrespondenzen, die mit einem vom Dach absenk-baren Flachbildschirn verbunden sind, sowie der Apple-Oldtimer iPod, der weniger prominent zwi-schen den Sitzen an der Ladestation parkt." Das Komplettpaket kostet 48 000 Euro. Bei dem Trans-port durch einen Chauffeur mag das ungefährlich sein, aber wer kennt die Zahl der Verkehrsunfälle, die kommunikationsversessene Lenker beim Mai-len, Simsen oder Surfen am Steuer verursacht haben?

Nicht umsonst hat der Gesetzgeber die Handynutzung beim Autofahren unter Verbot gestellt.

Weltweit klagen Firmen über die wirtschaftlichen Verluste, die durch das private Gedaddel von Büroangestellten während der Arbeitszeit entstehen. Rühle: „Die berühmte Studie der University of California dürfte natürlich auch nicht fehlen, demzufolge sich die durchschnittliche Büro-Monade nur elf Minuten am Stück ein und derselben Aufgabe widmen kann. Dann ploppt eine Mail hoch oder es ruft jemand an oder man schaut nur mal schnell zur Entspannung etwas im Internet nach. So wie andere eine rauchen. Das eigentlich Schockierende an der Studie sind nicht die kümmerlichen elf Minuten, die man kontinuierlich arbeiten kann, sondern die Erkenntnis, dass die Probanden im Schnitt fünfundzwanzig Minuten brauchen, bis sie sich wieder ihrer eigentlichen Tätigkeit widmen konnten."

Die Masse an Informationsfreiheit, Wissen und unendlicher Zerstreuung, die uns das Internet anbietet, hat also ihren Preis. Diese Welt der Sinnesreize kann – muss nicht – süchtig machen. Das Medizinlexikon *Pschyrembel* definiert die Krankheit Sucht so: „Verminderte Kontrollfähigkeit über Beginn, Beendigung und Menge des Substanzgebrauchs einschließlich erfolgloser Versuche, diese zu verringern; Einengung und Anpassung der Alltagsaktivitäten auf die Möglichkeit oder Gelegenheit zum Substanzkonsum; Vernachlässigung wichtiger sozialer oder beruflicher Interessen; fortgesetzter Substanzgebrauch trotz des Wissens über dessen schädliche Folgen." Oder, mit Rühle zu sprechen: „Der freie Wille ist bei uns Junkies ausgeleiert wie ein altes Gummiband."

Gibt es einen Weg aus der digitalen Kommunikationsfalle? Alex Rühle stellt am Ende seiner Fastenzeit einen Stimmungswandel bei sich fest: „Ich habe seit einigen Tagen das stille, noch unsichere Gefühl, wohltemperierter zu leben, besser gelaunt zu sein, weniger ausgefranst an den Rändern. Und weniger düster … Bin ich unpolitischer, weil ich mir das jetzt nicht mehr reinziehe? Nein. Bin ich passiver? Nein. Im Gegenteil, ich habe das Gefühl, innerlich zu wachsen, seit ich nicht mehr permanent die digitale Newsbrühe süffle. Die Nonstoptotalinformiertheit hat mich regelmäßig vergiftet."

Soll und kann der Journalist Rühle nach seinem halbjährigen Entzug künftig auf das Internet verzichten? Nein. Natürlich nicht. Es gilt für ihn das, was der Tiefenpsychologe Alexander Mitscherlich (in: *Großstadt unter Neurose*) über das Fernsehen gesagt hat: „Fernsehen ist ebenso wenig schädlich, wie Wein schädlich ist, krankhaft ist lediglich die Unfähigkeit, mit dem lustversprechenden Angebot umgehen zu können." Rühle bekennt deshalb: „Ich hoffe, durch das halbe Jahr ein wenig Souveränität zurückzugewinnen. Dass ich danach weniger zwanghaft in meine Mails schaue, aber ganz aufs Netz verzichten? Never ever".

Fazit: Wir müssen lernen, mit den neuen Technologien umzugehen. So sieht das auch der Redakteur des Magazins *NEON*, Christoph Koch. In seinem Bericht *Ich bin dann mal offline. Ein Selbstversuch. Leben ohne Internet und Handy* (München 2010) fordert er dazu auf, die pathologische Internetnutzung, also die Internetsucht, in das *ICD, Internationale Statistische Klassifikation der Krankheiten und verwandter Gesundheitsprobleme für Europa,* aufzunehmen. Er kommt am Ende seines Buches zu einem ausgewogenen Urteil: „Ebenso wenig, wie man sich ständig dem kommunikativen Dauerfeuer des Internets aussetzen sollte, sollte man sich ihm nicht zu sehr entziehen. Denn in vielen Fällen ist das Gefühl der Überforderung ... eine Empfindung, die mit der simplen und verständlichen Angst einhergeht, Dinge nicht zu beherrschen. Wer sich also mit etwas Neuem auseinandersetzt, senkt automatisch die Chance, sich überfordert zu fühlen. Das bedeutet überhaupt nicht, dass jeder Mensch Twittern muss, sich auf Facebook anmelden oder seine nächste Städtereise mit Google-Street-View vorbereiten sollte. Aber wer sich der ganzen Sache mit einer entspannten Haltung des Ausprobierens und Herumspielens nähert, wird manche positive Überraschung erleben – und im schlechtesten Falle merken, ... dass es aber nichts ist, wovor man sich fürchten muss, weil es einem das Gehirn zersetzen könnte."

Tatsächlich beschert uns die Digitalrevolution kommunikative Errungenschaften, von denen der utopische Schriftsteller Jules Verne (1828 – 1905) noch träumte: das Bildtelefon. Wenn wir zum Beispiel mit unserer Tochter, die als Au-pair-Mädchen ein Jahr in den USA lebt, mitsamt ihrer Gastfamilie auf dem Bildschirm sprechen, also skypen können, ist das schon eine verdammt tolle Sache. Aber was ist, wenn im Fernsehen jede Banalität rund um die Uhr kommuniziert und zur Unkenntlichkeit zerschwätzt wird? Der frühere Bundespräsident Johannes Rau drückte sein Unbehagen 2004 so aus: „Meine Sorge ist, dass wir zu sehr in eine Talkshow-Gesellschaft kommen, in der alles zum Event gemacht wird, in der nicht mehr das Ereignis und das Nichtereignis voneinander unterschieden werden. Und meine Sorge ist, dass wir uns zu Tode plaudern."

Noch schwieriger wird es bei Kindern und Jugendlichen. Computer, Satellitenfernsehen, Spielekon-
solen und Smartphones verändern ihr Leben. Etwa
fünfeinhalb Stunden am Tag verbringen Jugendliche
in Deutschland im Durchschnitt mit digitalen Medi-
en. Im ZEIT Magazin (34/2010) bezeichnet sich die
18-jährige Julia tapfer als *digital native*, als digitale
Einheimische. Sie konstatiert: „Ein Leben ohne Internet können wir uns nicht vorstellen. Wir chatten
statt zu reden, lesen Nachrichten auf dem Bildschirm
statt in der Zeitung und verbringen täglich unzählige Stunden auf Facebook. Das alles machen wir
beinahe gleichzeitig, denn wir sind Meister des Multitasking. Wir Vernetzten, das sind 97,5 % unserer
Altersgruppe in Deutschland."

Diese Jugendlichen lösen, wie Julia registriert, ihre
Schulaufgaben mit Wikipedia. Das Internet gibt
ihnen „Sicherheit und Geborgenheit": „Wir vergessen die Probleme des Alltags und klicken uns rein
ins Vergnügen. Hier können wir uns austoben, Dinge tun, die wir im normalen Leben nicht wagen würden; wir werden zu Stalkern, quatschen wildfremde
Menschen an und geben uns so, wie wir uns wünschen zu sein." Und: „Wir leben im Rausch der Informationen. Wir sind von ihnen abhängig und fühlen
uns schlecht, wenn wir nicht auf sie zugreifen können. Nichts ist schlimmer für uns, als allein zu sein,

ganz ohne Online- und Offlinefreunde. Wir brauchen das ständige Grundrauschen."

Die Schülerin Julia warnt aber auch: „Wir lieben das Gefühl, in Gesellschaft zu sein, obwohl wir in Wahrheit doch so einsam vor unseren Bildschirmen hocken." Aber was ist mit den Hunderten von „Facebook-Freunden", die ein Jugendlicher heute stolz anführt? Julia: „Die größte Gefahr des Digitalen ist nur wenigen bewusst: die Gefahr, dass Onlinefreundschaften verwechselt werden mit realem Miteinander. Und ein Chat mit einem richtigen Gespräch. ... Wir haben online so viele Freunde, dass wir ein neues Wort für die echten brauchen ..., weil ein echter Freund so unschätzbar viel wertvoller ist als all die Facebook-Bekanntschaften zusammen. Aber das ist schwer – haben wir doch täglich mit unseren Pseudofreunden zu tun." Schließlich: „Wir lesen jeden Beitrag, weil wir süchtig geworden sind nach Kontakten – und die Masse an kleinen Informationen gaukelt uns eine Vertrautheit mit vielen, vielen, vielen Menschen vor. Nach der sehnen wir uns."

Da wird es ernst. Eltern klagen in meiner Sprechstunde darüber, dass das stundenlange Spielen, vor allem ihres Sohnes, an der Playstation zum Leistungsabfall in der Schule führt. Auch lasse ihre Sprachentwicklung nach, der Sport verliere an Bedeutung, Übergewicht stelle sich ein. Hier setzt die Warnung von Therapeuten, Pädagogen und Gehirnforschern ein.

Rühle lässt in seinem Buch den Direktor eines Münchner Lehrinstituts, also einen Schulpraktiker, zu Wort kommen. Er habe viele spielsüchtige Schüler, die „im Leben überhaupt nicht mehr zurechtkommen." Deren Eltern sind vollkommen hilflos und verhalten sich wie Co-Abhängige: „Solche Jugendlichen sind wie Höhlenmenschen, die nicht rausgehen, solange Fleisch da liegt und die Höhle warm ist".

Das bestätigt auch der Studienrat Manuel von Zelisch, Lehrer des Euskirchener Marien-Gymnasiums. Beim Textverständnis gerade der internetabhängigen Schüler werde es schwierig. Von Zelisch: „Da merkst du unheimlich, ob man ihnen zu Hause zum Beispiel Märchen vorgelesen hat oder nicht, ob die Schüler selbst lesen. Die, die das nicht tun, haben automatisch einen kleineren Wortschatz, verstehen oft Texte nicht, verstehen nicht, daraus Moral zu ziehen". Auch in der Rechtschreibung seien sie defizitär: „Das ist schockierend, dass Schüler heute durch das Internet denken, sie müssten schreiben wie in Chatrooms; das bekommen die auch immer weniger getrennt, dass Smileys in Hausaufgaben nichts zu suchen haben. Und die Groß- und Kleinschreibung, das sind die gewohnt, dass das in Mails und SMS keine Rolle spielt. Das müssen wir Lehrer dann ausbügeln, Brände löschen, wo es eben geht."

Vielfach geht diese Verhinderung einer allseitigen Persönlichkeitsbildung mit einer Inflation des Fachwissens einher. Interessant ist für den Schüler, oder den späteren, sagen wir BWL-Studenten nur noch, was ihm für die schnelle Berufskarriere wichtig ist. Davor warnte schon Nietzsche (1844 – 1900) in seiner Streitschrift *Über die Zukunft unserer Bildungsanstalten:* „Gefahr: eine rasche Bildung, um schnell ein Geld verdienendes Wesen werden zu können."

Der Psychotherapeut Wolfgang Bergmann und der Hirnforscher Gerald Hüther bestätigen die alarmierenden Beobachtungen der Pädagogen in ihrer Untersuchung *Computersüchtig. Kinder im Sog der modernen Medien* (Düsseldorf 2010, 3. Auflage): „Es sind wohl vorwiegend diejenigen Jugendlichen und jungen Männer, die mit ihrer eigenen Lebensgeschichte nicht zurechtgekommen sind, die sich im virtuellen Raum wie ‚zu Hause' fühlen und den diese Kinder und Jugendlichen gar nicht wieder verlassen wollen. Natürlich sind es die mit der ungenügenden Sprache, die im virtuellen Raum mit seiner reduzierten Sprache sich endlich zu verständigen vermögen und nicht wie in der Realität permanent über ihre Defizite stolpern."

Wie das aussieht, schilderte mir eine Mutter: „Moritz (Name geändert, M. J.) hockt am sonnigsten Sommernachmittag nach der Schule bis zum Abendessen in seinem abgedunkelten Zimmer vor dem Computer. Er ist fixiert auf diesen, verzeih' mein Wort, Scheißkasten. Er spricht nicht mit uns. Er treibt nicht mehr wie früher Sport. Noch vor zwei Jahren lief er jeden zweiten Tag im Winter in der Eissporthalle Schlittschuh, im Sommer spielte er dreimal in der Woche Handball. Jetzt versinkt er in die Welt seiner magischen Computerspiele. Gewiss, dieser künstliche Kosmos ist fantastisch. Er entwickelt, glaube ich, viel Freude in Parallelwelten. Aber all das ist fiktiv, unwirklich, führt ihn von der Realität in eine Wunschwelt. Dagegen „stinkt" ihn die Schule an, wie er sagt. Sie ist natürlich im Vergleich zu seinen virtuellen Paradiesen grau und eintönig. Dort ist er nicht mehr der Held seiner Größenfantasien, der Weltraumritter und Rächer aller Unterdrückten, sondern der 15-jährige Problemschüler mit einem „genügend" in Deutsch und einem „ungenügend" in Mathematik. Körperlich mache ich mir in letzter Zeit um ihn Sorgen. Moritz ist bleich wie ein Engerling. Er schläft schlecht, weil er noch bis in die Nacht vor dem Bildschirm sitzt. Er hat zugenommen, weil er dabei ständig Schokoriegel isst und dazu Cola trinkt. Ich fühle mich machtlos dagegen."

Was passiert im Gehirn dieser Kinder und Jugendlichen, die Tag für Tag stundenlang vor ihren Monitoren sitzen? Antwort: Ihr Gehirn spezialisiert sich einseitig. Nach Hüther prägt das Gehirn dieser Computerkids einseitig bildhafte Vorstellungen, das heißt „visuelle Kompetenz" (Hüther) aus. Das geht auf Kosten der übrigen Sinne. Sie werden nicht oder kaum in das zerebrale Netzwerk integriert. Die kognitiven Leistungen des Jugendlichen werden einseitig auf den Monitor fixiert. Moritz Mutter, Lehrerin und studierte Germanistin, erläuterte mir: „Moritz' Wortschatz und Begrifflichkeit verringern sich sichtbar. Er liest praktisch nicht mehr. Er tut sich bereits schwer, eine Erzählung, die sie im Schulunterricht durchnehmen, zusammenzufassen und wiederzugeben. Ich erkenne ihn nicht wieder."

Ich erinnere mich in diesem Zusammenhang an ein mittelständisches Unternehmerehepaar, das meine Sprechstunde aufsuchte. Sie hatten Kummer mit ihrem knapp dreißigjährigen Sohn, nennen wir ihn Rolf. Die Eltern: „Rolf arbeitet in unserer Firma. Er kommt ständig zu spät. Er vergisst es, Kunden zu betreuen, vertrödelt Aufträge, bringt keine neuen Gedanken ein. Er ist schläfrig, er rennt ständig zum

Kaffeeautomaten. Er versucht, sich die ganze Arbeitszeit hindurch mit Zigaretten aufzumuntern. Das kann so nicht weitergehen. Wir sind bereits im Rentenalter und möchten die Firma in seine Hand geben. Aber so, wie er sich jetzt verhält, wird er unseren Familienbetrieb in die Insolvenz führen."

Was war los? Rolf war computerspielsüchtig. Der notorische Junggeselle schmierte sich, wenn er um 19.00 Uhr in sein kleines Appartement zurückkam, ein Butterbrot und setzte sich an den Computer. Wenn ich mich recht erinnere, war es das – durchaus faszinierende und spannende – Online-Gemeinschaftsspiel *World of Warcraft*. Das spielte er mit dutzenden virtuellen Mitspielern Abend für Abend, werktags wie sonntags, bis 3.00 Uhr morgens, also täglich acht Stunden lang. Er hatte keine Freundin, aber auch keinen Freund. Er ging nicht aus. Er las kein Buch. Er trieb keinen Sport. Er kannte keine Höhepunkte in seinem Leben – außer denen im Heldenspiel. Denn da erlebte er Siege, raffinierte Strategien, Tod, Vernichtung, Glück und Thrill, ja sogar Anerkennung seiner Mitspieler. All das nur virtuell. Rolf spürte seinen Körper und seine Körperkraft nicht. Je mehr er beruflich versagte, desto glänzender reüssierte er im virtuellen Abenteuerraum. Hier griff sein in Wahrheit schwaches Ich über sich hinaus. Hier realisierte sich der Narziss in ihm.

Aber: Wo kein reales Du ist, ist kein reales Ich. Seine virtuelle Selbstüberhebung erwies sich als Seifenblase. Rolf war abgemagert, litt als Kettenraucher unter Bronchitis und isolierte sich gefährlich.

Wie Rolf gesundete? Das war eine brachiale, aber letztendlich sinnreiche therapeutische Intervention. Ich empfahl ihm den Besuch der ausgezeichneten psychosomatischen *Hochgrat-Klinik* in Wolfsried/ Allgäu. Die Eltern, bislang eher co-abhängig, assistierten massiv: „Rolf, entweder gehst du in die Klinik, oder wir kündigen dir." Das war, im Sinn der Suchttherapie, ein klares Verhalten: Statt Rolf die Computerspielsucht weiterhin indirekt zu finanzieren, ihn vor die klare Alternative zu stellen: Entweder die Firma oder die Sucht!

Rolf ging zu meiner großen Freude tatsächlich ein viertel Jahr in die Klinik. Was er dort lernte, war genau das positive Lebensprogramm, das Bergmann und Hüther bereits bei spielsüchtigen Kindern und Jugendlichen empfehlen. Verbote allein helfen nichts. Kein Kind wird computersüchtig geboren.

Natürlich sollten wir keine angstbesetzte Computerhysterie entwickeln. Computer sind, um es zu wiederholen, eine grandiose Erfindung. Julia Schramm, Mitglied der im September 2011 in Berlin erstmals so verblüffend erfolgreich gestarteten *Piratenpartei* formulierte diese Faszination in der *FAZ* (24. 9. 2011) so: „Wir befinden uns in einer Revolution, deren Ausmaß wir noch nicht realisiert haben. Die globale Vernetzung erfasst uns alle, ändert uns, bringt uns zusammen und offenbart uns. Das Internet ist ein lebenswerter Raum, der das Leben schöner macht, Zugang zu Kunst und Kultur und vor allem Wissen für alle ermöglicht. Ein Raum, in dem das menschliche Sein erfasst, gespeichert und ausgewertet wird. Wir befinden uns in einer neuen Epoche, der Metamoderne, und müssen diese nun gestalten. Aktiv."

Selbstverständlich kann das Internet auch eine geradezu klassische moderne Instanz zur Förderung der Demokratie sein. Mit Hilfe dieser sozialen Medien wurden im Jahr 2011 unverrückbar scheinende nordafrikanische Diktaturen wie in Ägypten, Tunesien und Libyen über Nacht gestürzt. Die Völker erhalten durch die neuen technischen Möglichkeiten Formen der Beteiligung im Sinne einer Basisdemokratie. Onlinesein oder Nichtsein, das ist hier die Frage.

Ermahnungen und Überredungskünste verfehlen ihr Ziel. Es ist sinnlos, den computersüchtig gewordenen Söhnen oder Töchtern den Computer wegzunehmen oder einfach nur die Nutzungszeiten einzuschränken. Dann macht der Erziehungsberechtigte den zweiten vor dem ersten Schritt. Denn jede Sucht ist eine Sehnsucht und zugleich eine Vereinseitigung.

Was heißt diese Vereinseitigung gehirnphysiologisch? Hüther sagt es so: „Das Großhirn, genauer die Großhirnrinde, ist derjenige Hirnbereich, in dem dieses neue Wissen in Form bestimmter Beziehungsmuster zwischen den Nervenzellen verankert wird. ... Weil das kindliche Gehirn ... nicht ‚wissen kann‘, worauf es später im Leben einmal ankommt und welche Verbindungen wirklich gebraucht werden, wird zunächst einmal ein großer Überschuss an Verschaltungen bereitgestellt. Stabilisiert und erhalten bleiben von diesen Verschaltungen aber nur diejenigen, die auch wirklich benutzt, d. h. die häufig genug aktiviert werden. Der Rest wird einfach wieder abgebaut. Das Ganze funktioniert fast so wie ein neu eröffnetes Kaufhaus, in dem anfangs ein möglichst großes Spektrum an unterschiedlichen Waren angeboten wird. Wie das später tatsächlich vertriebene und bereitgehaltene Warensortiment aber aussieht, hängt davon ab, was von den Kunden in dieser Gegend besonders gebraucht und daher besonders häufig gekauft wird."

Wie wir bereits früher sahen, werden bei den manischen Computerkids einige wenige assoziative Verknüpfungen extrem intensiv und häufig benutzt, vor allem die visuellen. Das schließt jedoch nicht die Verwahrlosung im Virtuellen als Gefährdung aus. Facebook hat zum Beispiel (Stand 2011) 800 Millionen Nutzer, von denen rund 500 Millionen täglich online sind. Auf keiner anderen Seite verbringen die Internetnutzer mehr Zeit. Aber was ist, wenn sie Facebook verlassen? Jeff Jarvis, ein berühmter amerikanischer Blogger, erklärte dazu. „Man verliert sein Leben."

Als internetsüchtig definiert die Psychologie Personen, die fast nur noch in der virtuellen Welt des Internets leben und die Kontrolle darüber verlieren, wie viel Zeit sie dort verbringen. Sie leiden unter Entzugserscheinungen wie Missstimmungen, Angst, Reizbarkeit oder Langeweile, wenn sie nicht online sind. Sie nutzen das Internet, um schlechten Gefühlszuständen zu entrinnen, und nehmen dabei auch negative Konsequenzen in Kauf. Im Extremfall gehen sie nicht mehr zur Schule oder zur Arbeit. Sie vernachlässigen soziale Kontakte und verwahrlosen teilweise sogar körperlich.

Sie erfüllen damit exakt die Suchtdefinition, welche die beiden Expertinnen Anne Wilson-Schaef und

Diane Fassel in ihrem Standardwerk *Suchtsystem Arbeitsplatz* (1995) so formulierten: „Sucht ist jede Substanz oder jeder Prozess, der unser Leben bestimmt, demgegenüber wir machtlos sind. Es kann sich, muss sich aber nicht, um eine physiologische Sucht handeln. Eine Sucht liegt bei jedem Prozess oder bei jeder Substanz vor, die uns kontrollieren. Süchte führen zu einer erwachsenen Zwanghaftigkeit in unserem Verhalten."

Süchtig wird nicht jeder und schon gar nicht jeder Computernutzer. Warum sollen Kinder nicht neue faszinierende Entwicklungen am Bildschirm ausprobieren! Süchtig macht nicht die Maschine, sondern süchtig wird, wer labil ist und sich innerlich aus der sozialen und emotionalen Welt verabschiedet hat und ein untaugliches Surrogat dafür sucht. Wie sagte mir einmal ein fernsehsüchtiger Klient: „Weil ich im realen Leben nichts erlebe, hole ich es mir vom Bildschirm." Wie bereits erwähnt schauen die erwachsenen Deutschen laut ARD-Erhebung 256 (!) Minuten Fernsehen täglich. Wann sprechen wir endlich über diese Massensucht?

Außerdem animiert das Belohnungszentrum im Gehirn durch Ausschüttung von Dopamin den jugendlichen Spieler, wenn er sich einloggt, und der Frust des Alltags hinter ihm versinkt. Tatsächlich lei-

det er jedoch unsichtbar an seiner realen Erlebnisarmut.

Es ist ein Teufelskreis: Die Erlebnisarmut projiziert
die Computerflucht. Die Computerflucht führt zur
Erlebnisverarmung. Und so dreht sich der verhäng-
nisvolle Zirkel weiter. Dem derart reduzierten Kind
geht es, pointiert formuliert, wie den drei viel zitierten Affen: Es sieht nichts, hört nichts, redet nichts.
Schmecken, Riechen, Tasten, Greifen verkümmern.
Das Gehirn, genauer der Assoziationskortex, hat
gleichsam nur noch einen Eingang; er ist stur auf
den flimmernden Bildschirm gerichtet. Augenärzte
berichten inzwischen verstärkt von Augenschäden
und sich vorzeitig erhöhenden Dioptrienzahlen der
Jungendlichen. Demgegenüber ist das Gehirn häufig spielender, sportlicher und mit Freunden direkt
agierender Kinder, wie Gehirnforscher beobachten, komplexer, intensiv verschalteter und modifika-
tionsfähiger. Man könnte es mit Goethe grundsätzlich sagen: „Der Mensch ist genugsam ausgestattet
zu allen wahren irdischen Bedürfnissen, wenn er seinen Sinnen traut und sich dergestalt ausbildet, dass
sie des Vertrauens wert bleiben." (aus: *Maximen und
Reflexionen*)

Hier wird deutlich, worin die Heilung der Compu-
tersucht liegt. Hüther: „Man kann Kompetenzen

entwickeln und Vertrauen in die Fähigkeit, sich im realen Leben zurechtzufinden, wieder stärken. Aber es geht nicht, solange alles so bleibt wie es ist – zu Hause, in der Schule, in der Freizeit, also im realen Leben der betreffenden Kinder und Jugendlichen. Sie brauchen echte Aufgaben, an denen sie wachsen können. Sie brauchen konkrete Probleme, die sie meistern können. Sie brauchen interessante Entdeckungen, die sie machen können, auch eigene Entscheidungen, die sie treffen können. Sie brauchen also eine andere Lebenswelt, eine Welt, die sie sicher erschließen können, in der sie wichtig sind und in der sie sich mit ihren Begabungen und Fähigkeiten auch wirklich angenommen fühlen, in der sie sich nicht benutzt fühlen, sondern gebraucht werden."

Genau das erfuhr der oben erwähnte Rolf in der Lebensschule der Klinik. Er entdeckte eine Freude an den anderen Menschen in der Gruppe. Er liebte die Gespräche auf den Spaziergängen, machte Wanderungen mit den Mitpatienten und empfand wieder Sehnsüchte nach einer Frau. Zurückgekehrt trat er einer Basketballmannschaft bei und holte seine alte Gitarre vom Speicher. Prompt verliebte er sich auch – und fand Gegenliebe. Computerspiele mied er künftig, schaffte jedoch selbst gesetzte knappe Zeiten im Internet. Er wusste um seine Gefährdung. Inzwischen ist er Firmenchef.

Braucht Entspannung eine Steckdose? Muss ein Kind einen iPad haben? Ein Kindle von Amazon? Das Lesegerät Oyo? Das fragte sich mein Sohn Martin Gutjahr-Jung im Koblenzer *Kulturinfo* (12/2010). Er realisierte: „Vieles geht besser, schneller oder wurde durch technische Innovation überhaupt erst möglich. Illusorisch zu glauben, das digitale Rad ließe sich zurückdrehen oder auch nur anhalten. Nicht einmal bremsen können wir. Im Gegenteil: Der Geist ist aus der Flasche, und es macht keinen Sinn, ihn wieder einfangen zu wollen."

Elektronische Medien bieten, wie er sagt, Zugang zu allen menschlichen oder unmenschlichen Formen des Miteinanders: „Heute haben wir jedes Ereignis, jeden Gedanken, jedes Wissen weltweit nahezu sofort verfügbar – und können doch nichts mehr glauben. Wissenschaftliche Erkenntnisse stehen neben Halbwahrheiten, verzweifelte Hilferufe in Unterschriftenaktionen neben wilden Verschwörungstheorien, Weltgeschichte, Literatur, Phantasien und Mobbing-Attacken. Jeder Text, jedes Bild urdemokratisch, gleichwertig, gleichgeschaltet nebeneinander. … Das Gehirn hält nicht mehr mit, im Rennen um Updates, Neuigkeiten und Veränderungen. Im Überangebot von Sinnesreizen geht uns der Überblick verloren, wir haben Probleme zu erkennen, was uns wichtig ist."

Und doch stirbt das Buch, wider aller Unkenrufe, nicht. Martin Gutjahr-Jung: „Offenbar mögen Menschen Bücher und lassen sich das wider Erwarten nicht so einfach ausreden. Kein Wunder, vermitteln Bücher doch ein physisches Leseerlebnis und eine Intimität, die kein Touchscreen zu bieten hat. Sie bewegen sich in unseren Händen, sie riechen; sie altern – und ihr Akku ist niemals leer. … Ein Buch in die Hand zu nehmen heißt, sich Zeit zu nehmen. … Solange ich darin lese, befreie ich mich von der ständigen Hatz nach Optimierung und Rationalisierung, von der unendlichen Suche nach dem schnellsten Prozessor, der höchsten Auflösung, der kürzesten Ladezeit."

Wer liest, ist immer auch ein Leser seiner selbst. Er geht in die Stille und den Selbstbezug. Er entzieht sich der allgemeinen Zeithetze und der Diktatur nach Optimierung. Der Leser taucht in eine reicher dimensionierte Welt menschlicher Bezüge und der Selbstreflexion ein. Er eignet sich immer wieder neu das unendliche Medium der Sprache, ihren Melodiereichtum und ihre begriffliche Schärfe an, die zum Verständnis der unendlich komplexen Welt unabdingbar ist. Wie sagt das chinesische Sprichwort: „Hast du drei Tage kein Buch gelesen, werden deine Worte seicht."

Lesen ist gleichsam eine Menschwerdung höherer Art. Hermann Hesse würdigt sie so: „Von den vielen Welten, die der Mensch nicht von der Natur geschenkt bekam, sondern sich aus dem eigenen Geist erschaffen hat, ist die Welt der Bücher die größte. Jedes Kind, wenn es die ersten Buchstaben auf seine Schultafel malt und die ersten Leseversuche macht, tut damit den ersten Schritt in eine künstliche und höchst komplizierte Welt, deren Gesetze und Spielregeln ganz zu kennen und vollkommen zu üben kein Menschenleben ausreicht. Ohne Wort, ohne Schrift und Bücher gibt es keine Geschichte, gibt es nicht den Begriff der Menschheit."

Die Kulturtechnik des Lesens ist erst wenige tausende Jahre alt, ihre allgemeine Verbreitung erst wenige hundert. Sie beschleunigte die Höherentwicklung unseres Gehirns wie wenig andere Entdeckungen und damit auch die geistige Evolution des Menschen, des „noch nicht festgestellten Tieres", wie Nietzsche sagt. Die amerikanische Professorin Maryanne Wolf, Leiterin des *Center for Reading and Language Research* an der Tufts University, analysiert das scharfsinnig in ihrem Grundsatzwerk *Das lesende Gehirn. Wie der Mensch zum Lesen kam – und was es in unseren Köpfen bewirkt* (Heidelberg 2010, Taschenbuchausgabe). Sie beobachtet:

„Lesen lernen beginnt, wenn man zum ersten Mal ein Baby auf den Schoß nimmt und ihm eine Geschichte vorliest. Der spätere Leseerfolg hängt zu einem erheblichen Maße davon ab, wie oft dies in den ersten fünf Jahren der Kindheit geschieht oder auch nicht geschieht. Unsere Gesellschaft zerfällt unmerklich in zwei nur selten hinterfragte Klassen – in der einen sind Familien, die ihren Kindern eine Umgebung mit reichlich Kontakt zu gesprochener und geschriebener Sprache bieten, in der anderen, mit fließenden Übergängen, sind Familien, die dies nicht leisten oder leisten können. Einer wichtigen Studie zufolge besteht schon im Kindergartenalter eine Kluft von 32 Millionen Wörtern Input zwischen Kindern mit dürftiger sprachlicher Stimulation in ihrer Familie und ihren besser versorgten Altersgenossen. Anders gesagt, hat ein durchschnittliches fünfjähriges Mittelschichtkind in seinem Umfeld 32 Millionen gesprochene Wörter mehr gehört als ein gleichaltriges unterprivilegiertes Kind."

Lob des Lesens also. Kinder, die ohne literarische Anreize aufwachsen – das Gros der Hauptschüler zählt hierzulande dazu –, sind bereits als Grundschüler im Hintertreffen. Warum? Antwort: Je weniger Worte, Begriffe, Syntax und Grammatik sie kennen, desto weniger können sie die Struktur der

Welt und die Anatomie menschlicher Beziehungen erfassen, geschweige denn wiedergeben. Sie fallen aus der Kultur des Sozialen gleichsam heraus. Als Halbanalphabeten bewegen sie sich am Rande der Sprachgesellschaft. Sie sind privat und beruflich isoliert.

Wie dramatisch der Leseverlust und der Fernseh- und Internetmissbrauch in den unteren sozialen Schichten ist, fächert die Wissenschaftlerin Renate Köcher vom Demoskopischen Institut in Allensbach in der FAZ (17. 8. 2011) wie folgt auf. Die Lesekultur der sozialen Schichten, beobachtet das renommierte Institut, entwickelt sich auseinander. Leseabstinente junge Erwachsene unter dreißig Jahren mit höherer Schulbildung machen seit Jahren 24 % aus, dagegen stieg die Zahl ihrer Altersgenossen mit einfacher Schulbildung seit dem Ende der Neunzigerjahre von damals 41 auf heute 60 %. Das bedeutet, Lesebereitschaft oder Leseabstinenz ist zunehmend schichtgebunden. Eltern höherer sozialer Schichten vermitteln 70 % ihrer Kinder Lesefreude, Unterschichteltern dagegen gerade einmal 26 %. Bei ihnen ist der häusliche Buchbestand ebenso gering wie der Buchhandelsbesuch: 66 % der Oberschichtkinder besuchen regelmäßig Buchhandlungen, Unterschichtkinder nur zu 17 %.

Schlimmer noch: „Umgekehrt tendieren Eltern aus den unteren Schichten weit überdurchschnittlich dazu, Fernsehen und Computer gleichsam als Babysitter einzusetzen und ihre Kinder durch diese Medien zu beschäftigen. Generell spielt das Fernsehen in den unteren Sozialschichten eine weitaus größere Rolle als in der Mittel- und Oberschicht. Alle Schichten nutzen dieses Medium; der Anteil der Intensivnutzer, die im Durchschnitt drei und mehr Stunden am Tag fernsehen, liegt jedoch in den unteren Schichten bei 73 %, in den Mittelschichten bei 54 % und in der Oberschicht bei 34 %." Die Professorin Renate Köcher kommt zu dem deprimierenden Fazit: „Das Auseinanderdriften der sozialen Schichten ist keineswegs nur eine Frage der materiellen Ausstattung, sondern immer mehr auch der Entwicklung unterschiedlicher Kulturen. Ein besonders ernster Aspekt ist dabei, dass sich die Voraussetzungen, unter denen Kinder aufwachsen, die Impulse, Förderungen und Maxime für die Lebensführung, die sie erhalten, immer mehr unterscheiden."

Dazu passt die Studie um den australischen Wissenschaftler J. Lennert Veerman, die im August 2011 rund um den Erdball Aufsehen erregte. Er und sein Forscherteam fanden heraus: „Wer täglich stundenlang Fernsehen schaut, wird früher sterben als Nichtgucker." Ein Schnitt von rund sechs Stunden vor dem Bildschirm entspricht fünf Jahren weniger Lebenszeit, so das Fazit der Studie. Die Forscher hatten erstmals versucht, den bekannten Negativeffekt in Zahlen zu fassen. Ihre Datenanalyse im *British Journal of Sports Medicine*, zeigt, dass übermäßiger TV-Konsum vergleichbar schlecht auf die Lebensdauer wirkt wie lebenslanges Rauchen und genereller Bewegungsmangel. Die negative Wirkung bezog sich ausdrücklich auch auf laufendes Fernsehen im Hintergrund – offenbar fördert dies eine sitzende Lebensweise und damit Herz- und Kreislauferkrankungen. „Wir nutzten zwar australische Daten, doch die Effekte in anderen industrialisierten und sich entwickelnden Ländern sind wahrscheinlich vergleichbar", schreibt Veerman, der eine frühere Befragung zum Lebensstil in einem Risiko-Lebenszeit-Modell mit den staatlichen australischen Bevölkerungs- und Todesfallzahlen von 2008 kombinierte: „Damit hat das übermäßige Fernsehschauen einen ähnlich negativen Effekt auf die Gesundheit wie andere so genannte Lifestyle-Faktoren, etwas das Rauchen."

Heißt das nun, dass wir die Kinder generell von den Computern fernhalten sollen? Lösen sie digitale Demenz aus? Nein. Das wäre eine moderne Maschinenstürmerei wie die der Weber, die 1848 in Deutschland – allerdings auf Grund furchtbarer Verelendung – die effizienteren mechanischen Webstühle in Stücke schlugen.

Wie bereits mehrfach gesagt, dürfen wir Internet und Computerspiele nicht verteufeln. Der Ausweg ist pragmatisch – die Lösung liegt nicht in der alternativen Wahl zwischen Buch und Bildschirm, sondern in der ausgewogenen Synthese beider. Im Gegenteil: Bei einem guten Mix der traditionellen und der digitalen Wissensaneignung werden die multimodalen und multifunktionalen Fähigkeiten des Gehirns optimal genutzt. Immerhin ist unser Hirn, das *Cerebrum*, die schöpferische Kraft der Evolution schlechthin. Nicht umsonst charakterisieren die Biologen den Menschen als das „denkende Tier". Warum sollte ein Kind, das prinzipiell fähig ist, mühelos zwischen zwei Sprachen hin und her zu wechseln und von einer solchen bilingualen Erziehung außerordentlich zu profitieren, nicht auch kreativ zwischen zwei unterschiedlichen Lerntechniken „switchen" können? Das Streben nach Wissen ist eine natürliche Veranlagung aller Menschen – auf welchem Weg auch immer.

Maryanne Wolf empfiehlt die schöpferische Synthese von Print- und digitalen Medien: „Bei der Vermittlung von Wissen sollten die Kinder und Lehrer der Zukunft nicht vor die Wahl zwischen Büchern und Bildschirm, Zeitungen und Kurznachrichten im Internet oder gedruckten und anderen Medien gestellt werden. Unsere Übergangsgeneration hat die Gelegenheit, innezuhalten und ihre Kapazität zur Reflexion voll auszuschöpfen, um sich mit all ihren Mitteln auf die Gestaltung der Zukunft vorzubereiten. Das analytische, schlussfolgernde, subjektive lesende Gehirn mit seiner Anlage zum Bewusstsein und die flinken, multifunktionalen, multimodalen, informationsverarbeitenden Kapazitäten einer digitalen Denkweise müssen einander nicht zwangsläufig ausschließen. Viele unserer Kinder lernen, zwischen zwei oder mehr gesprochenen Sprachen hin- und herzuschalten, und ebenso können wir ihnen beibringen, zwischen verschiedenen Präsentationen geschriebener Sprache und unterschiedlichen Analyseformen zu wechseln. So wie auf der denkwürdigen Abbildung von 700 v. Chr., wo ein sumerischer und ein akkadischer Schreiber Seite an Seite ihre unterschiedlichen Schriften verwenden, sind wir vielleicht auch in der Lage, uns den Nutzen beider Systeme zu erhalten und ihre jeweiligen Vorzüge zu würdigen."

Lesen bleibt eines der größten Abenteuer und intellektuellen Kolumbusfahrten des Lebens. In seinen Memoiren *Die Wörter* erinnert der Existenzphilosoph Jean Paul Sartre (1905 – 1980) sich an die Supernova seines Geistes, als er zum ersten Mal als Kind den Geheimcode der Schrift entschlüsselte, voller Faszination:

„… dort hockte ich mich auf ein Eisenbett und tat so, als läse ich: mit den Augen folgte ich den schwarzen Linien ohne auch nur eine einzige zu überschlagen, und erzählte mir dazu laut eine Geschichte, wobei ich mich bemühte, jede Silbe auszusprechen. Man ertappte mich – oder ich ließ mich ertappen –, es machte großes Aufsehen, man beschloss, nun sei es an der Zeit, mir das Alphabet beizubringen. Ich war eifrig wie ein Kind beim Katechismus-Unterricht; ich ging so weit, mir Nachhilfestunden zu geben: ich kletterte auf mein Eisenbett mit dem Buch ‚Heimatlos' von Hector Malot, das ich auswendig kannte; halb rezitierte ich, halb entzifferte ich, ich nahm mir eine Seite nach der anderen vor: Als die letzte Seite umgeblättert war, konnte ich lesen. Ich war verrückt vor Freude."

Wir Unausgeschlafenen:
Rettet die Nacht!

*Denn der Schlaf ist
für den ganzen Menschen,
was das Aufziehn für die Uhr.*
Arthur Schopenhauer
Aphorismen zur Lebensweisheit

Der Schlaf ist die wichtigste Atempause im Alltag. Kritiker sprechen von einer „schlaflosen Gesellschaft". Die hektische Hyperaktivität ist unser größter Feind. Die Somnologen, also die Schlafwissenschaftler (von lat. *Somnus, der Schlaf*), beobachten, dass in den hochindustrialisierten Ländern die Menschen im statistischen Durchschnitt heute eine Stunde weniger schlafen als noch vor zwanzig Jahren.

Früher hieß es, „eine Stunde Schlaf vor Mitternacht ist besser als zwei danach". Dagegen steht die moderne Wirklichkeit: Ladenöffnungszeiten in Großkaufhäusern bis 22.00 Uhr. Nächtliche Schichtarbeit für Millionen Industriearbeiter, Techniker, Kranken-

und Altenpflegepersonal, Gastronomiebeschäftige, Polizisten, Mitarbeiter von Verkehrsbetrieben. Viele von uns sind während der Woche chronisch unausgeschlafen. Wir finden erst um Mitternacht den Weg vom Fernseher ins Bett – und wundern uns, wenn wir, wie Millionen Menschen in Deutschland, unter *Insomnie* leiden, der chronischen Schlaflosigkeit.

An Schichtarbeitern können wir die Gefährlichkeit dieses Schlafmangelsyndroms in vivo, das heißt am lebenden Objekt, studieren. Jeder Arbeitsmediziner oder Hausarzt weiß, dass Schichtarbeiter signifikant häufiger als Tagesarbeiter unter Bluthochdruck, Herzkrankheiten, Magenbeschwerden und innerer Unruhe leiden, öfter krank sind und verstärkt zu Burnout und zu Depressionen neigen. Ebenso ist es unter Psychotherapeuten bekannt, dass nicht wenige Beziehungsstörungen aus chronischer Unausgeschlafenheit und Überforderung eines oder beider Partner resultieren. Der Schlaf ist eine Quelle der Gesundheit, Schlafstörungen ein Infektionsherd für körperliche und seelische Krankheiten.

Sprichwörter entstehen nicht ohne Grund. Im Deutschen heißt es: „Früh schlafen gehen und früh aufstehen schließt vielen Krankheiten die Türe zu."; ähnlich formulieren es die Engländer: „Early to bed and early to rise/makes a man healthy, wealthy and wise". Im Nachtschlaf regenerieren sich Körper und Geist, sie schalten auf Sparflamme und erholen sich. Gut ausgeschlafene Menschen verfügen über eine höhere immunologische Fitness, das heißt Infektabwehr. Ausreichend schlafen heißt sozusagen, aktives Anti-Aging zu betreiben. Bei ausgewogenem Schlafkonto, wozu auch ein regelmäßiges „Nickerchen" zählen mag, sind wir leistungsfähig und seelisch ausgeglichen. Lehrer sprechen vom „Pädagogenschlaf", dem Nachmittagsnickerchen. Im Schlaf verarbeiten wir Spannungen und deprimierende Eindrücke. Der Schlaf nährt. Schlafen ist die unersetzlichste und erfrischendste Atempause.

Die Lehrer stehen mit ihrer Meinung nicht allein. In der *Rhein-Zeitung* (18. 7. 2011) bekundete Mario Ohoven, Präsident des Bundesverbands mittelständischer Wirtschaft: „Kluge Unternehmer wissen, wie wichtig schöpferische Pausen für den Erhalt der Leistungsfähigkeit, Kreativität und Motivation der Mitarbeiter sind." Ursula Marschall, Leiterin des medizinischen Kompetenzzentrums der Barmer Ersatzkasse, stimmte an gleicher Stelle zu: „Gegen das so genannte Suppenkoma, also die Müdigkeit nach dem Mittagessen, kann der kurze Spaziergang an der frischen Luft genauso gut helfen wie die Viertelstunde Mittagsschlaf." In den USA, Japan und Österreich hat sich inzwischen „die Siesta am Arbeitsplatz" gut bewährt.

Doch stattdessen greifen viele von uns für unsere verspätete, ersehnte Nachtruhe genervt zu Barbituraten, um einen unnatürlichen, narkoseähnlichen „Todesschlaf" herbeizuzwingen. Bei den rund zwei Millionen tablettenabhängigen Deutschen rangieren die Schlaftabletten an der Spitze.

Der Schlaf ist genauso wichtig wie eine gesunde vitalstoffreiche Ernährung. Das gilt besonders für Kinder. Ein Grundschüler, also ein Kind zwischen sechs und zehn Jahren, braucht nach Auskunft der Experten zehn bis elf Stunden Nachtruhe. Bekommt es das nicht, wird es kritisch. *DIE ZEIT* meldete (44/2010) unter der Überschrift „Stress ohne Schlaf" dazu folgendes: „Das *Burnout-Syndrom* und das ‚Zappelphilipp-Leiden' *ADHS* ließen sich bei vielen Betroffenen womöglich einfach durch mehr Schlaf vermeiden. Mit Ausgebranntsein reagiert der Körper von Erwachsenen auf Dauerstress – gegen den die beste Vorsorge lautet: häufig ausschlafen, früher zu Bett gehen, tagsüber Pausen und Nickerchen einlegen. So wie die Leistungsgesellschaft unausgeschlafene Erwachsene in den Burnout treibe, sagt der Freiburger Somnologe Dieter Riemann, ‚so sind einige Kinder mit ADHS vielleicht unerkannte Langschläfer, die nicht genug Zeit zum Schlafen bekommen'. Unter Kinderärzten sorgte 2010 eine Studie aus Finnland für Aufsehen: Sieben- und Achtjährige, die mit sieben Stunden für ihr Alter zu wenig Schlaf bekamen, waren *deutlich zappeliger* als Normalschläfer. Ergebnisse einer US-Studie von 2006 runden das Bild ab: Kinder, die ihr eigenes Schnarchen im Schlaf störte, erhielten oft die Diagnose ADHS. Wurde das *Extremschnarchen* behandelt, beruhigten sie sich jedoch. Deshalb rät auch der Züricher Kinderarzt Oskar Jenni: ‚Ein gewisser Prozentsatz der ADHS-Kinder sollte einfach länger schlafen.'"

„Rettet den Schlaf" heißt auch: Rettet die Nacht! Das Problem der „Lichtverschmutzung", also ein Zuviel an künstlicher Helligkeit, ist seit langem bekannt. Wenn wir auf faszinierenden Satellitenfotos die nächtlichen Kontinente Europa und Afrika aus dem All betrachtet sehen, enthüllt sich hier ein strahlender Erdteil voller glitzernder Lichtperlen, dort ein im Wortsinn dunkler Kontinent. Das reiche Europa stellt sich mit verschwenderischem Kunstlicht in Szene. Doch wie geht es den Menschen in ihren Städten? Fehlt ihnen nicht der samtene Zauber der Dunkelheit? Die Jahrtausende alte Chronobiologie von Tag und Nacht ist weitgehend abhanden gekommen. Dabei unterdrückt unsere 24-Stunden-Geschäftigkeit lediglich die Sehnsucht nach natürlicher Ruhe und Loslösung, wie sie schon in alter Lyrik thematisiert wurde. So sehnt sich der Barockdichter Grimmelshausen (1622 – 1676): „Komm, Tod der Nacht, o Nachtigall/Lass deine Stimm' mit Freudenschall/ Aufs Lieblichste erklingen"? Die Lyrikerin Ricarda Huch (1864 – 1947) schwärmt: „Uralter Worte kundig/kommt die Nacht:/Sie löst den Dingen/Rüstung ab und Bande."

Die Verdrängung der Dunkelheit durch Industrialisierung und Wissenschaft erweist sich heute als eine kulturgeschichtliche Leistung von bedeutsamer, aber auch von zwiespältiger Tragweite. Die Erfindung der Maschinen revolutionierte den mittelalterlichen Produktionsablauf. Maschinen brauchen keinen Schlaf. Richtete sich die mittelalterliche Arbeitsorganisation der Landwirtschaft wie im Handwerk nach dem „Hühnerprinzip", respektive nach dem Lauf der Sonne – mit den Hühnern bei Tagesanbruch aufstehen und mit Einbruch der Dunkelheit zu Bett –, so erforderte die moderne Fabrik die Auslastung der ständig laufenden Maschinen. Das bedeutete den Produktionsprozess rund um die Uhr und gleichzeitig die Notwendigkeit, Fabrikhallen taghell auszuleuchten. Die Arbeiterinnen und Arbeiter mussten quasi vom Tages- und Nachtrhythmus „emanzipiert" werden, um industrielle Produktion zu ermöglichen.

Die Produktivität stieg ins Gigantische. Die einst so dunklen mittelalterlichen Städte mit ihren Nachtwächtern und verschlossenen Stadttoren wurden ausgeleuchtet, zunächst von Gaslaternen und im späten 19. Jahrhundert von den genialen Kohlefadenlampen des modernen Prometheus Thomas Alpha Edison. Licht wurde zur Macht, zur wirtschaftlichen Effizienz und zum Schwungrad des Konsums. Emil Rathenau, Direktor des Berliner Elektrokonzerns AEG, rühmte enthusiastisch: „Die Dunkelheit lähmt die Kaufkraft des Publikums, gefährdet die öffentliche Sicherheit und drückt Straßenzüge, die bei besserer Beleuchtung eine große Rolle spielen könnten, zu Stadtbezirken zweiter Klasse herab."

Das alles war Fortschritt pur. An nichts erinnern sich ältere Deutsche mit mehr Grauen als an die Verdunklung der Städte während des Zweiten Weltkrieges zum Schutz vor den alliierten Bomberflotten. Das war eine Rückkehr in die Lichtlosigkeit des Mittelalters. Nicht von ungefähr sprechen wir vom „Licht der Aufklärung". Aber, und das ist die bedenkliche Seite der Lichtrevolution, wir leiden zunehmend unter „Lichtverschmutzung" und „Lichtsmog". Das ursprüngliche „Tagtier" Mensch wird zur ruhelosen Nachtaktivität stimuliert. Seit wir die Nacht neonhell verdrängen können, schalten wir auch unsere innere Uhr, den Pendelschlag zwischen Schlafen und Wachen, Aktivität und Ruhe, aus. Unter gleißendem Licht praktizieren wir noch um Mitternacht Computerbanking, erledigen unsere Korrespondenz per E-Mail, bloggen, stürzen uns in pulstreibende Computerspiele, während uns längst die Nacht zum Schlaf ruft.

Wir verlegen die Aktivität in die Nacht, wir favorisieren Late-Night-Veranstaltungen, Nachtprogramme des Fernsehens, Nächte der offenen Museen und der offenen Kirchen. Im diffusen Nachtlicht großer Städte, kontaminiert von Lichtmüll, verlieren wir jene Poesie, die einen Matthias Claudius (1740 – 1815), dichten ließ:

> *Der Mond ist aufgegangen,*
> *die goldnen Sternlein prangen*
> *am Himmel hell und klar.*
> *Der Wald steht schwarz und schweiget,*
> *und aus den Wiesen steiget*
> *der weiße Nebel wunderbar.*
>
> *Wie ist die Welt so stille*
> *und in der Dämmerung Hülle*
> *so traulich und so hold.*
> *Als eine stille Kammer,*
> *wo ihr des Tages Jammer*
> *verschlafen und vergessen sollt.*

Wahrlich, ein Lied aus einer anderen Zeit. Der moderne *Homo sapiens* hat seinen natürlichen Takt und Lebensrhythmus verloren. Dabei steht uns eigentlich nur Gutes bevor, würden wir die Nacht wieder zur Nacht machen. „Aber weder zu erzählen noch zu beschreiben ist die Herrlichkeit einer Vollmondnacht … Es übernimmt einen wirklich das Gefühl von Unendlichkeit des Raums. So zu träumen, ist denn doch der Mühe wert.", so Goethe auf seiner *Italienischen Reise*.

Ja, auch Träume, diese nächtlichen Botschaften des Unbewussten, sind Atempausen und Inspirationen. Die chilenische Schriftstellerin Isabell Allende berichtet (in: Marie-Luise von der Leyen *Lebenslinien. Außergewöhnliche Persönlichkeiten erzählen ihre Geschichte*, München 2006) über eine nächtliche Traumtröstung nach dem Tod ihrer einzigen Tochter Paula: „Es gibt sogar Träume, die mir Lebenskraft geben. Vier Jahre nach Paulas Tod saß ich im Traum an einem Strand, über mir ein sehr hohes Riff, als ich auf seiner äußersten Spitze zwei bis an die Zähne bewaffnete Reiter auf riesigen Pferden sah. Plötzlich stellten sich die Pferde auf die Hinterbeine und machten eine Bewegung nach vorne: Sie fielen und fielen und fielen durch die Luft in den Abgrund. Schließlich stürzten sie in den Sand. Man sah nur eine Wolke aus Staub und Rauch. Und dann die

Pferde, wie sie langsam aufstanden und schließlich davon galoppierten, auf ihrem Rücken die Krieger, die noch immer im Sattel saßen. Eine Freundin, die sich mit Traumdeutung beschäftigt, erläuterte mir den Traum. Sie sagte, dass er das Überleben symbolisiere. Dass ich sowohl Pferd als auch Reiter sei, mich in einer lebensbedrohlichen Situation befunden, aber die Krise überwunden hätte. Es war mein wichtigster Traum. Als Paula starb, fiel ich ins Leere. Der Traum gab mir die Sicherheit zurück, dass ich wieder aufstehen würde, gleichgültig, was passiert."

Schlaf und Traum geben uns Raum.

Ich bin immer etwas skeptisch, wenn mir Klienten von ihren Erfahrungen im Schlaflabor berichten. Sie sprechen gewöhnlich von „Schlaflosigkeit". Das ist bereits begrifflich falsch. Es handelt sich vielmehr um *Schlafstörungen*. Totale Schlaflosigkeit würde unweigerlich in den Tod führen. Verantwortungslose Wissenschaftler haben dies mit grausamen Rattenexperimenten bewiesen. Sie beschallten die armen Tiere Tag und Nacht mit lärmender Musik. Nach etwa zwei Wochen starben alle Tiere.

Das Wesen der chinesischen Folter bestand darin, den Gefangenen am Schlafen zu hindern. Sie ließen in Sekundenabständen Wassertropfen auf den Kopf des Opfers prallen, bis dieser an den Rand des Wahnsinns geriet oder starb.

Die filigrane Darstellung der Schlafarchitektur eines Patienten mittels Elektrokardiogrammen im Schlaflabor mag zwar medizinphysikalisch eine technische Meisterleistung sein, aber was bringt sie für die Therapie dieses Leidens? Sofern nicht ein drastisches organisches Defizit vorliegt, Asthma, Apnoe, Adipositas, Schmerzen, oder Coffeinabusus, liegt der Verdacht einer lebensbedingten, seelischen Ursache nahe. Sie will sorgfältig ermittelt werden.

Der Fall von Irene (Name geändert) scheint mir exemplarisch. Irene war eine immens tüchtige, gelernte Kauffrau in führender Position, 67 Jahre alt, untergewichtig, seelisch angespannt. Sie bestand, wie es für diesen Phänotyp klassisch ist, aus einer Wesensmischung von Überaktivität und Subdepressivität. Auf meine Bitte hin schrieb sie mir ihre Schlafleidensgeschichte auf:

„Schlafstörungen hatte ich, solange ich zurückdenken kann, also schon als kleines Kind. Die Ängste vor meinem brutalen Vater ließen mich nie richtig zur Ruhe kommen. Er trachtete mir nach dem Leben. Er war, wie ich heute weiß, ein Psychopath, lebensuntüchtig und ein Schinder, der die ganze Familie real terrorisierte. Darüber hinaus wurde von mir von klein auf Leistung erwartet, man trieb mich ständig an. Dabei war ich ein zartes, mageres, eher schwächelndes Kind. Erlebte ich später als Erwachsene belastende Situationen und Dysstress, stellten sich meist Einschlaf- und Durchschlafschwierigkeiten ein sowie nicht näher benennbare Angstattacken. Die Angst begleitet mich eigentlich durch mein ganzes Leben. Durch außerordentliche Belastungen im Beruf und über den von mir über Jahrzehnte praktizierten Schlafmangel, vier bis fünf Stunden Nachtschlaf maximal, erwarb ich mir eine chronische Schlafstörung. Ich bekam sie nicht mehr in den Griff. Damit gingen, neben den Angstattacken, Appetitlosigkeit, Druck im Kopf, Gewichtsabnahme, Kopfschmerzen, Schwindel und Übelkeit einher. Ich landete auf der Intensivstation.

Erst seit Beginn meiner berufsfreien Zeit, also seit Erreichen des Rentenalters, versuche ich, mir selbst, meiner ständigen Überforderung auf die Spur zu kommen. Dazu gehören für mich regelmäßige Pausen, über den Tag verteilt. Der bekannte Seelen- und Drogenarzt Dr. Walther H. Lechler sagte zu mir: „So wie andere ihre Medikamente einnehmen, musst du deine Pausen einnehmen." Dazu gehört für mich inzwischen, auf den „inneren Arzt" zu hören und zu spüren, wann ich wieder den Bogen überspanne, also mehr leiste, als ich eigentlich physisch und psychisch verkraften kann.

Letztendlich ist für mich ein geordneter Tagesablauf ohne Druck, Forderung und Hektik wichtig. Ein ruhiger, harmonisch verlaufender Tag bessert meinen Schlaf spürbar. Aber immer noch muss ich durchgeschlafene Nächte mit sechs bis sieben Stunden Schlaf im Kalender als Kostbarkeit ankreuzen. Aber sie stellen sich immerhin schon ein. Trotzdem spüre ich manchmal Neid auf meinen selig schlummernden Mann. Er könnte, ohne es zu spüren, weggetragen werden. Jeden Tag lerne ich neu, dass ich das Recht habe, mich mit Freizeit zu verwöhnen. Ich löse mich von dem Fluch, Leistung erbringen zu müssen. Zu meiner neuen Ruhe gehört der tägliche Spaziergang bei jedem Wetter dazu. Er ist Balsam für meinen Leib und meine Seele."

Ein ruhiges Gewissen des entspannten Einsseins mit sich selbst ist in diesem Sinne, so scheint mir, immer noch das beste Ruhekissen. Halten wir es mit Goethes Egmont: „Süßer Schlaf! Du kommst wie ein reines Glück, ungebeten, unerfleht am willigsten. Du lösest die Knoten der strengen Gedanken, vermischest alle Bilder der Freuden und der Schmerzen, ungehindert fließt der Kreis innerer Harmonie …"

Das Drama der Moderne:
Wir haben nur e i n Leben

> *Obwohl seit Menschengedenken klar ist, dass Zeit sich*
> *weder festhalten noch ausdehnen lässt, schürt die von der*
> *Informationstechnik geprägte Gesellschaft die Illusion,*
> *es ließe sich immer noch mehr in eine Zeitspanne hinein-*
> *packen. Und jeder einzelne könne quasi mehrere Leben*
> *leben, wenn er es nur schnell und geschickt genug anstelle.*
>
> DER SPIEGEL
> WISSEN 4/2010

„Ich habe keine Zeit!" Das ist der Bannspruch der Moderne. Was ist mit der Zeit los? Rennt die Zeit? Tragen wir unsere Armbanduhr als eine Art Handfessel? Wie wurden wir zu Sklaven der Zeit? Können wir Zeit überhaupt richtig wahrnehmen? Der amerikanische Schriftsteller Norman Mailer bekannte (in: *Lebenslinien*, S. 20 f.): „An einem schlechten Tag, wenn ich mal wieder nicht weiß, wie ich die Treppen hochkommen soll, habe ich das Gefühl, ich bin fünfundachtzig. Dann wieder gibt es Augenblicke, in einem Gespräch zum Beispiel – wenn ich merke, dass mein Verstand funktioniert und mein Temperament noch so lebhaft ist wie früher –, da fühle ich

mich wie fünfunddreißig. Ich fühle mich nicht wie dreiundachtzig. Man hat kein objektives Empfinden für das eigene Alter. Es ist ja nur eine Zahl, keine physische Absolutheit."

Das Zeitmaß ergab sich jahrtausendelang aus den Rhythmen der Natur, aus der regelmäßigen Wiederkehr des Gleichen: Tag und Nacht, Frühjahr, Sommer, Herbst und Winter, Ebbe und Flut, Morgendämmerung und Sonnenuntergang, Höchst- und Niedrigstand der Sonne, den Mondphasen. Die Ägypter hatten drei Jahreszeiten: Überschwemmung des Nils, Aussaat und Ernte. Ein Homer rechnete die Zeit nach Morgenröten, ein Cäsar nach Nachtwachen, die Ordensbrüder- und Schwestern der Klöster nach Gebets- und Essenszeiten, die Bauern nach Fütterungs- und Melkzeiten. Man stand, wie bereits gesagt, mit dem ersten Hahnenschrei auf und ging „mit den Hühnern" zu Bett. Der Übergang von diesem natürlichen und zyklischen Zeitmaß zu einem abstrakt-maschinellen Zeitverständnis bildete eine der tiefsten Umwälzungen der Menschheitsgeschichte. Es war eine Revolution, die sich als ebenso wirkungsvoll wie rücksichtslos erwies. Der amerikanische Politiker, Naturwissenschaftler und Publizist Benjamin Franklin (1706 – 1790) wurde mit „Ratschlägen für junge Kaufleute" weltberühmt: *Time is Money, Zeit ist Geld.*

„Zeitvergeudung" wurde zur Sünde. Es dauerte Jahrhunderte, bis es Kirche und Staat, Industrie und Großagrariertum gelang, den Menschen den Zeitluxus des Mittelalters auszutreiben. Vor allem der üppige Feiertagsrhythmus des katholischen Kalenderjahres war den „Zeitdieben" der Moderne ein Dorn im Auge. Die Auseinandersetzung dauert zum Teil noch bis heute, denken wir an den sinnvollen Kampf der Gewerkschaften um den Erhalt christlicher Feiertage.

Derlei retardierende Tendenzen sind allerdings nur Widerstandsnester, Partisanen gegen den Zeitgeist. Zeitdisziplin wurde, wie Benjamin Franklin drohte, Pflicht: „Seitdem unsere Zeit einem Einheitsmaß unterworfen ist und des Tages Goldbarren zu Stunden gemünzt werden, wissen die Fleißigen aller Berufe, jede Minute zu ihrem Vorteil zu nutzen. Wer aber seine Zeit sorglos vertändelt, ist in Wahrheit ein Geldverschwender."

Marianne Gronemeyer hat diese Ökonomisierung der Zeit und das Phänomen der Zeitknappheit seit dem Ende des Mittelalters in ihrer meisterlichen Studie *Das Leben als letzte Gelegenheit. Sicherheitsbedürfnis und Zeitknappheit* (Darmstadt 1993) kulturphilosophisch prägnant analysiert. Es handelt sich bei der katastrophalen Zeitverknappung um eine geschichtliche Zäsur. Sie begann mit der aufkeimenden Blüte der Wissenschaft von Galilei bis Newton, von Lieuvenhook, dem Entdecker des Mikroskops, bis Harvey, dem Erforscher des Blutkreislaufes, von Francis Bacon (1561 – 1626), dem englischen Philosophen, bis zu René Descartes (1596 – 1650), dem Mathematiker und Naturwissenschaftler. Sie entwickelten das, was man heute umgreifend das *Projekt Moderne* nennt. Ihr Motto könnte man so beschreiben: Nicht länger waltet ein unsichtbarer Gott und ein unbegreifliches Schicksal über uns. Wir können die Welt erkennen und sie deshalb auch verändern. Im Verbund mit den aufkommenden Manufakturen und später der dampfbetriebenen Maschinen machen wir uns die Natur untertan.

Das ist gleichsam ein prometheischer Aufstand. Der Mensch wird zum Schöpfer. Er befreit sich aus der Fremdbestimmung der Religion und ihren Versprechungen auf ein besseres Jenseits. Er wird zum Innenarchitekten des vorgefundenen Diesseits. Von Gott und Teufel will er ebenso wenig wissen wie vom spekulativen Nebelrudern der mittelalterlichen scholastischen Philosophie. Über das Ergebnis seiner Erkenntnisbemühungen beschreibt Descartes: „Sie haben mich nämlich einsehen lassen, dass man zu Kenntnissen gelangen kann, die für das Leben ziemlich nützlich sind, und dass man anstelle der spekulativen Philosophie, die in den Schulen gelehrt wird, eine praktische finden könnte, sobald wir durch diese die Kraft und das Wirken von Feuer, Wasser, Luft, Sternen, Sphären und allerlei anderen uns umgebenden Körpern gerade so deutlich erkennen, wie wir die unterschiedlichen Geschäfte unserer Handwerker kennen, vermöchten wir sie also für alle Zwecke zu verwenden, für welche sie geeignet sind, und würden dadurch zu Herren und Meistern der Natur."

Wie weit wir es als „Meister der Natur" gebracht haben, scheint im Zeichen globaler Umweltkatastrophen von der Ölverschmutzung im Golf von Mexiko bis zum GAU der Atomreaktoren in Fukushima mehr als fragwürdig. Gnadenlos zeigt sich die Zwiespältigkeit des so verführerisch grenzenlos erscheinenden *Projekts Moderne:* Einerseits die befreiende Luft der Aufklärung – ununterbrochene Innovation, rasanter technischer Fortschritt, Erleichterung des Lebens, Hygiene, Wohlstand und Wissen – andererseits überfordert es uns, die Folgen unseres Handelns verantwortungsvoll zu berücksichtigen. Wir knechten die Natur, die Natur schlägt zurück.

Außerdem und fast schlimmer noch: Wir werden erbarmungslos mit unserer Endlichkeit konfrontiert. „Wir haben Gott getötet", sagt Friedrich Nietzsche,

„der Niedergang des Glaubens an den christlichen Gott ist ein gesamteuropäisches Ereignis". Und: „Vielleicht wird der Mensch von da an immer höher steigen, wo er nicht mehr in einen Gott ausfließt." Mit vulkanischer Wucht, wie kein anderer Religionskritiker vor und nach ihm, schleudert Nietzsche Faszination und Entsetzen des „Gottesmordes" gegen uns Zeitgenossen. In seinem 1882 erschienenen Spätwerk *Die fröhliche Wissenschaft* lässt der Philosoph den „tollen Menschen" auftreten, „der am hellen Vormittage eine Laterne anzündete, auf den Markt lief und unaufhörlich schrie: ‚Ich suche Gott! Ich suche Gott!'" Der „tolle Mensch" erlebt die metaphysische Obdachlosigkeit als furchtbare Krankheit – zum Leben!

„Was sind denn diese Kirchen noch", schäumt der „tolle Mensch", „wenn sie nicht die Grüfte und Grabmäler Gottes sind? … Wohin ist Gott? … Ich will es euch sagen! Wir haben ihn getötet – ihr und ich! … Wer gab uns den Schwamm, um den ganzen Horizont wegzuwischen? Was taten wir, als wir diese Erde von ihrer Sonne losketteten? Wohin bewegt sie sich nun? Wohin bewegen wir uns? Fort von allen Sonnen? Stürzen wir nicht fortwährend? Und rückwärts, seitwärts, vorwärts, nach allen Seiten? Gibt es noch ein Oben und Unten? Irren wir nicht wie durch ein unendliches Nichts? Haucht uns nicht der leere Raum an? Ist es nicht kälter geworden? Kommt nicht immerfort die Nacht und mehr Nacht? Müssen nicht Laternen am Vormittage angezündet werden? Ist nicht die Größe dieser Tat zu groß für uns? Müssen wir nicht selber zu Göttern werden, um nur ihrer würdig zu erscheinen? Es gab nie eine größere Tat – und wer nur immer nach uns geboren wird, gehört um dieser Tat willen in eine höhere Geschichte, als alle Geschichte bisher war!"

Eine Antwort auf diesen von Nietzsche prophezeiten Säkularisierungsprozess der Moderne gibt Paul Schulz. Er war früher Pastor an der Hauptkirche St. Jacobi in Hamburg und wurde von der Evangelischen Kirche 1975 als „Ketzerpastor" in einem „Lehrzuchtverfahren" als Theologe aus dem Amt entlassen. Er resümiert in seinem Buch *Atheistischer Glaube. Eine Lebensphilosophie ohne Gott* (2008): „Mit einem Selbstverständnis, in dem Gott keine Bedeutung hat, nimmt der Mensch das Leben in seiner radikalsten Herausforderung an. Er begreift, dass ein Sinn des Lebens nicht von einer göttlichen Instanz gesetzt ist, sondern dass alle Sinngebung, alle – auch religiösen – Werte, Gebote, Gesetze vom Menschen selber gemacht sind. Sinn seines Daseins gibt es für den Menschen nur, wenn der Mensch selbstverantwortlich solche Wertschätzungen schafft und umsetzt, die *Lebenssinn ermöglichen* … Leben, das vom

Menschen nicht positiv gelebt wird, geht ersatzlos verloren. Für Verelendungen, Ungerechtigkeiten, Benachteiligungen, Entbehrungen und Leiden gibt es keinen himmlischen Ausgleich … Den Menschen hilft … kein Gott …, den Menschen helfen nur verantwortungsbewusst handelnde Menschen."

Das ist die Herausforderung durch das *Projekt Moderne*. In der Alltagsrealität der *Spaßgesellschaft* und ihrer digitalen Zerstreuungsindustrie löst sie dagegen eher Fluchtreflexe aus. Der Schweizer Schriftsteller Max Frisch (1911 – 1991) notiert (in: *Entwürfe zu einem dritten Tagebuch*, Frankfurt 2010): „Unser Tourismus, unser Fernsehen, unser Modewechsel, Alkoholismus, Drogensucht und Sexismus, unsere Konsumgier unter einem Trommelfeuer von Reklame etc. zeugen von einer gigantischen Gelangweiltheit unserer Gesellschaft. Was hat dazu geführt? Eine Gesellschaft, die zwar produziert wie noch nie, aber Tod ohne Transzendenz, und ohne Transzendenz gibt es nur die Gegenwart, richtiger gesagt: Die Augenblicklichkeit unserer Existenz ist Leere vor dem Tod."

Aus der Unsterblichkeit des Menschen, für die sich nach religiöser Vorstellung die Seele vor dem „Jüngsten Gericht" verantworten muss, um in die ewige Seligkeit Gottes einzugehen, wird metaphysische

Obdachlosigkeit, profane Auslöschung des Menschen durch den Tod. Die Professorin Gronemeyer registriert in ihrer oben erwähnten Studie: „Was ihm übrig blieb, nachdem er sich aus dem übergreifenden Zusammenhang von Gottes Heilszeit befreit hatte, war sein zwischen Geburt und Tod eingezwängtes klägliches bisschen Leben. Da er sich entschlossen hatte, die Zeit nach Menge zu rechnen, schrumpfte sein Zeithorizont auf ein paar Lebensjahre, deren er noch nicht einmal sicher sein konnte. Die düstere Schattenseite der von Menschen gemachten Zeit ist ihre erbärmliche Kürze."

Eine Reaktion darauf besteht darin, mit allen medizinischen und diätetischen Künsten dieses Leben, das kein Jenseits mehr kennt, auf Biegen und Brechen zu verlängern. Descartes, der selbst als Naturwissenschaftler über tausend Hühner und Schweine obduzierte – die katholische Kirche stellte die Sektion eines Menschen unter Todesstrafe –, träumte davon, die Funktionsweise des menschlichen Körpers naturwissenschaftlich so exakt zu kennen und zu reparieren, „wie ein Uhrmacher den komplizierten und gefährdeten Mechanismus einer Uhr im Griff hat". Dadurch ließen sich die Krankheiten steuern und das Leben verlängern. Wo das Leben zu kurz wird, wird Eile zum Tempus der Moderne. Ihre Maxime lautet: „Wir haben nur ein Leben. Lass es uns auf Teufel komm raus genießen!" – als ließe sich durch das Zusammendrängen von Ereignissen die erlebte Zeit verlängern.

Marianne Gronemeyer charakterisiert den gleichsam chronischen Bluthochdruck der hektischen *Fun-Society* mit den Worten: „Nichts scheint dem modernen Menschen weniger geeignet, um sein Verhältnis zur Welt ins Gleichgewicht zu bringen, als Geduld. Im Gegenteil, nur mit äußerster Ungeduld glaubt er dem fundamentalen Missverständnis, in das er geraten ist, beikommen zu können. Als ein Lebewesen mit einer begrenzten Lebensspanne sieht er sich einer verlockenden Fülle von Weltmöglichkeiten gegenüber. Die Kluft zwischen Lebenszeit und Weltmöglichkeiten ist so tief beunruhigend, dass er darüber in Panik zu geraten droht. Angesichts des Überangebots der Welt erfährt er seine Zeitknappheit erst recht quälend und die Angst, das Meiste, das Wichtigste oder das Beste zu versäumen, wird zum peinigenden Grundgefühl des Lebens."

Das erinnert mich an ein wohlhabendes Paar, das völlig außer Puste in meiner Sprechstunde saß. Ursula und Bernd (Namen geändert), gut situierte Rentner, soeben beide sechsundsechzig Jahre alt geworden, klagten: „Es ist alles so anstrengend. Wir kommen zu nichts. Unser Haus ist vom Keller bis zum Dachboden zugerümpelt. Wir sind Messies. Bis heute haben wir es nicht geschafft, die Unmassen von Unterrichtsmaterialien und veralteten Sachbüchern aus unserer Lehrerzeit rauszuschmeißen. Wir kommen nicht zur Ruhe."

Ich war erstaunt. Waren sie nicht Rentner, also Zeitmillionäre? „Das Leben frisst uns auf", erklärten mir Ursula und Bernd. „Wir machen im Jahr mindestens sechs große Reisen, meist Weltreisen. Wir waren in Thailand und in China, in Kanada und in Kalifornien, in Dubai und in Australien, auf den Seychellen, in Japan, in Indien und in Russland." „Aber", so fragte ich kleinlaut, „wenn Ihr dann wieder zu Hause seid, habt Ihr doch Zeit, aufzuräumen und entspannt Haus und Garten zu genießen?" „Nein", antworteten beide wie aus der Pistole geschossen, „von Montag bis Freitag gehen wir Abend für Abend aus, ins Kino, ins Theater, zu Vernissagen, zum Square Dance, wir geben Einladungen oder besuchen Freunde. Tagsüber besuchen wir gerne Museen, am Wochenende unternehmen wir mit dem Auto Städtetouren." „Warum ladet Ihr das alles auf Eure Schultern?", bohrte ich nach. Ursula und Bernds Antwort war enthüllend: „Das Leben ist so kurz. Wie lange haben wir noch zu leben? Wir müssen so viel nachholen." Sie waren ständig unterwegs und kamen doch nie bei sich an.

Der *homo accelerandus,* der sich beschleunigen müssende Mensch, ist, mit dem Psychoanalytiker Erich Fromm (1900 – 1980) zu sprechen, ein Mensch des *Habens* und des Konsums. Er lebt nicht mehr im beschwingten Modus des einfachen *Seins,* der Beziehungen, der Lebendigkeit und der Liebe. Fromm (in *Revolution der Hoffnung*): „Zwanghafter Konsum ist eine Kompensation für Angst. Das Bedürfnis nach dieser Art von Konsum entspringt dem Gefühl der inneren Leere, der Hoffnungslosigkeit, der Verwirrung und dem Stress."

Das lebensgierige Individuum der *Beschleunigungsgesellschaft* läuft natürlich Gefahr, die virtuellen Computerwelten als Surrogat, als audiovisuellen Weltersatz zu missbrauchen. Das Internet-Spiel „Second Life" ist wohl die Essenz dieser Sehnsucht. Die Spieler wählen einen „Avatar", eine „Persönlichkeit, die in dieser virtuellen Welt ein teils durchaus banales Leben führt. Seit 2003 haben sich weltweit unglaubliche 24 Millionen Benutzer registrieren lassen. Rund um die Uhr sind laut Wikipedia meist 35 000 bis 60 000 Nutzer gleichzeitig in das System eingeloggt und investieren reale Lebenszeit, um ein Scheinleben auf dem Monitor zu führen.

Die Seele wird dadurch ebenso wenig satt, wie der Körper durch so genannte Nahrungsergänzungsmittel gesund. Beides bleiben Illusionen. Es gilt das Sprichwort: Der Teufel hat die Eile erfunden. Marianne Gronemeyer erkennt die Tragik der sinnlosen Beschleunigung: „So sind auch Zeiten der *Muße*, des *Schlafs* und der *Pausen* keine erquickenden Zeiten eigener Art, sondern nur ärgerliche Aufhaltungen und Verzögerungen, die der ‚Materialermüdung' des menschlichen Körpers, der den an ihn gestellten Tempoansprüchen nicht gewachsen ist, geschuldet sind. Der geschwindigkeitslüsterne Mensch, der alles auf die Karte des Zeitgewinns setzt, verliert ein Gutteil seiner Zeit einfach dadurch, dass er ihr nichts abgewinnen kann."

Mit dem Tod ist alles aus. Das treibt uns, wenn wir ihn nicht mit Gelassenheit reflektieren und in unser Leben hineinnehmen, in die Phobie, das Leben zu versäumen und uns mit „Events" vollzustopfen. Dabei ist der Sachverhalt unserer Lebensspanne zwischen Geburt und Tod so klar und eindeutig. Andreas Salcher rückt dies in seinem Werk *Meine letzte Stunde. Ein Tag hat viele Leben* (Salzburg 2010) dialogisch knapp ins Bild:

„Und der Tod kam unerwartet zu dem Menschen. Und der Mensch fragte: ‚Ist es wirklich schon so weit?'

‚Ja, es ist soweit‘, antwortete der Tod.

‚War das alles?‘, fragte der Mensch.

‚Ja, das war alles, was du daraus gemacht hast.‘"

Die Moderne beschert uns den vermeintlichen Triumph über die Langsamkeit. Autos, Eisenbahnen und Flugzeuge werden immer noch schneller. Mikrowellenöfen, Fertigprodukte, Fast-Food("Schnell-Essen")-Restaurants, Wäschetrockner, automatische Küchengeräte, und Computer sorgen dafür, dass wir keine Zeit verlieren. Selbst „Tempo"-Taschentücher haben einst mit ihrem Namen das Markenrennen gewonnen! „Stiehl mir nicht meine Zeit", ist ein das Gegenüber zutiefst abwertender Ausspruch. Doch: Je mehr Zeit wir „sparen", das ist das Paradox, desto weniger Zeit „haben" wir. Glücklicher werden wir dabei nicht. Schlimmer noch: Um diesen sensationellen Zeitgewinn zu realisieren, benötigen wir zuvor eine von uns präparierte, künstliche, ja geschundene Welt. Das wohl mittlerweile folgenschwerste Beispiel finden wir so auch bei Marianne Gronemeyer veranschaulicht: „Die Beschleunigung der Fortbewegung war ohne Raubbau an fossilen Brennstoffen, ohne Ausplünderung anderer Rohstofflager, ohne Hinterlassung dicker Luft …, ohne Durchsäuerung des Bodens, die immer mehr Bäume zum Aufgeben zwingt, ohne Schädigung von Tausenden von Tier- und Pflanzenarten, ohne flächendeckenden Lärm rund um die Uhr nicht zu haben."

In dem philosophischen Phantasie- und Kinderroman *Momo* von Michael Ende sind die *Grauen Herren* die tödlichen Zeitdiebe. Einer ihrer Agenten gesteht Momo: „Nur solange wir unerkannt sind, können wir unserem Geschäft nachgehen … Ein mühseliges Geschäft, den Menschen ihre Lebenszeit stunden-, minuten- und sekundenweise abzuzapfen … denn alle Zeit, die sie einsparen, ist für sie verloren … Wir reißen sie an uns … wir speichern sie auf … wir brauchen sie … uns hungert danach … Aha, ihr wisst es nicht, was das ist, Eure Zeit! … Aber wir, wir wissen es und saugen Euch aus bis auf die Knochen …". Der graue Zeitdieb in Nadelstreifen weiß auch: „Kinder sind unsere natürlichen Feinde. Wenn es sie nicht gäbe, so wäre die Menschheit längst ganz in unserer Gewalt. Kinder lassen sich sehr viel schwerer zum Zeitsparen bringen als andere Menschen."

Meister *Hora* (lat. *Hora: die Stunde*), Herr über Sekunden, Minuten, Stunden, Monate und Jahre, ist es, der der tapferen Momo das Geheimnis der Zeit öffnet: „So wie ihr Augen habt, um das Licht zu sehen, und Ohren, um Klänge zu hören, so habt ihr ein Herz, um damit die Zeit wahrzunehmen. Und alle Zeit, die nicht mit dem Herzen wahrgenommen wird, ist so verloren, wie die Farben des Regenbogens für einen Blinden oder das Lied eines Vogels für einen Tauben."

Was machen wir? Statt uns an den Kindern ein Beispiel zu nehmen, pressen wir sie so schnell wie irgend möglich in die unbarmherzigen Normen des Zeitdiktats. Wir schaffen einen ausgeklügelten Stundenplan für sie, der alles enthält, die Klavierstunde und das Tennistraining, die Nachhilfestunde und den Inspektionstermin beim Zahnarzt. Selbstverständlich laufen die Schulstunden im Stundentakt und reglementieren Wissen, Können, Leistung und Status nach den Maßstäben einer doch so offensichtlich nicht glücklich machenden Erwachsenenwelt. Wenn ein Kind das vorgelegte Tempo nicht mithalten kann, bleibt es sitzen. Das heißt, es wird mit einem Jahr „Zeitverlust" bestraft. Kinder nehmen durch diese Demütigung der zynisch genannten „Ehrenrunde" oft Schaden.

In Saint-Exupéry's *Der Kleine Prinz* gibt der Fenek, der kleine kluge Wüstenfuchs, seinem kindlichen Besucher eine eindringliche Lektion über die Zeit. „Bitte, zähme mich", wünscht er sich. Der kleine Prinz antwortet: „Ich möchte wohl, aber ich habe nicht viel Zeit. Ich muss Freunde finden und viele Dinge kennenlernen". Der Fuchs: „Man kennt nur die Dinge, die man zähmt. Die Menschen haben keine Zeit mehr, irgendetwas kennenzulernen. Sie kaufen sich alles fertig in den Geschäften. Aber da es keine Kaufläden für Freunde gibt, haben die Leute keine Freunde mehr. Wenn du einen Freund willst, so zähme mich." Als sich der kleine Prinz nach dem Vorgang der Zähmung erkundigt, erfährt er dessen Geheimnis: „Es ist die Zeit, die eine Freundschaft braucht."

Seit über zweitausend Jahren mahnen Dichter und Philosophen den richtigen Umgang mit der Zeit an, ob Adalbert Stifter (1805–1868) mit seinem Zeitlupenroman und Meisterwerk *Der Nachsommer* oder der Zeitgenosse Stan Nadolny mit seinem Entwicklungs- und Seefahrerroman *Die Entdeckung der Langsamkeit*. Sie beide rühmen die Langsamkeit als eine Kunst, dem Rhythmus des Lebens Sinn zu verleihen. Goethe bekannte fasziniert im *West-Östlichen Diwan*: „Mein Erbteil wie herrlich/weit und breit!/Die Zeit ist mein Besitz,/mein Acker ist die Zeit." Die Würze und Kürze des Lebens reflektieren, wie ich in den Monographien meiner *blauen reihe* dargestellt habe, Denker wie Sokrates, Seneca, Augustinus, Montaigne, Voltaire, Spinoza, Hume, Kant, Feuerbach oder Schopenhauer.

Sokrates verurteilt die *Polypragmasie,* die distanzlose *Vielgeschäftigkeit,* und die *Omphalophilie,* die *Nabelbeschau* des Menschen. Lucius Annaeus Seneca (4 v. Chr. – 65 n. Chr.) verfasst eigens eine Schrift unter dem Titel *De brevitate vitae, Über die Kürze des Lebens.* Seneca registriert in dieser Schrift an seinen Freund Paulinus das Ärgernis des Menschlichen, Allzumenschlichen: „Die Mehrzahl der Sterblichen klagt über die Ungunst der Natur, weil wir nur für eine kurze Lebensdauer geboren würden, weil die uns verliehene Zeit so schnell, so reißend verlaufe, dass, sehr wenige ausgenommen, die meisten das Leben mitten unter den Zubereitungen für das Leben verlassen." Wir haben alle Zeit dieser Welt, konstatiert der stoische Philosoph, aber wir nutzen sie nicht als den kostbarsten Rohstoff unserer Biografie, sondern wir schlagen sie tot: „Den einen aber hält unersättliche Habsucht gefangen, einen anderen geschäftige Emsigkeit in überflüssiger Arbeit; der eine ersäuft im Weine, ... den anderen treibt in Hoffnung auf Gewinn fortreißende Handelsbegierde in allen Ländern, auf allen Meeren umher ... Die meisten jagt, kein sicheres Ziel verfolgend, unstetig, unbeständig, sich selbst missfallende Unbeständigkeit von einem Plan zum anderen ... Wir leben nur des Lebens kleinsten Teil; denn freilich, unsere ganze übrige Dauer ist nicht Leben, sondern Zeit."

Wir haben nicht zu wenig Zeit, sondern wir verschwenden mit unserer Hektik zu viel davon. Unser Leben dreht sich so oft im Kreis. Verzweifelt nehmen wir währenddessen mit der Digitalkamera unseres Handys mehr Bilder auf, als wir je mit Muße betrachten könnten. Alt geworden müssen wir feststellen, dass wir uns zwar verändert, aber nicht entwickelt haben, dass wir in nervtötender Bewegung waren, aber nicht vorwärtsgekommen sind. Noch einmal Seneca: „Der grauen Haare und Runzeln wegen darfst Du nicht glauben, dass einer lange gelebt habe; nicht lange gelebt hat er, sondern nur lange existiert. Denn, glaubst du, es sei einer weit geschifft, wenn ihn, kaum aus dem Hafen heraus, ein schrecklicher Sturm empfangen und dahin und dorthin getragen und durch wechselnde Winde, die von entgegengesetzter Richtung her tobten, immer auf demselben Raume im Kreise herumgetrieben hat? Er ist nicht weit geschifft, sondern viel umhergeworfen worden."

Gerade weil wir nur *ein* Leben haben, müssen wir es achtsam hüten. Statt seine schmerzliche Begrenztheit mit Arbeits- und Zerstreuungswut zu verdrängen, dürfen wir das Leben jeden Augenblick mit der Fülle seines Wertes sättigen. Seneca: „Jetzt, solange das Blut noch warm, das Leben noch frisch ist, müssen wir uns an das bessere machen. Bei dieser

Lebensweise erwartet dich eine Fülle edler Wissenschaften, Liebe zur Tugend und Übung in ihr, ihr Vergessen der Begierden, die Kunst zu lieben und zu sterben, ein Zustand tiefer Ruhe."

Der von den Nazis im April 1945 erhängte Widerstandskämpfer und Theologe der *Bekennenden Kirche* Dietrich Bonhoeffer schrieb, ganz im Geiste des Stoikers Seneca:

> *Da Zeit das kostbarste,*
> *weil unwiderbringlichste Gut ist,*
> *über das wir verfügen,*
> *beunruhigt uns bei jedem Rückblick,*
> *der Gedanke etwa verlorener Zeit.*
>
> *Verloren wäre die Zeit,*
> *in der wir nicht als Mensch gelebt,*
> *Erfahrungen gemacht,*
> *gelernt, geschaffen, genossen*
> *und gelitten hätten.*

Kultur der Muße:
Die Entdeckung der Langsamkeit

Der Langsamste, der sein Ziel
nicht aus den Augen verliert,
geht noch immer geschwinder,
als der ohne Ziel herumirrt.
　　　　　Gotthold Ephraim Lessing (1729 – 1781),
　　　　　Hamburgische Dramaturgie

Ist Müßiggang aller Laster Anfang? Ist Arbeit das höchste Maß aller Dinge? Braucht Arbeit nicht den Gegenpol der Ruhe? Versündigen wir uns durch das Zu-viel-Arbeiten nicht am Leben und an der Arbeit selbst? Leben wir für die Arbeit oder arbeiten wir, um zu leben? Frank Schirrmacher, Feuilletonchef der FAZ, beobachtet (in: *Frankfurter Allgemeine Sonntagszeitung*, 7. 7. 2011): „Für viele ist es heute schon selbstverständlich, dass es zwischen der E-Mail während der Arbeitszeit und der nach Feierabend keinen Unterschied gibt. Nicht die Zeit organisiert die Informationen, die Informationen organisieren die Zeit."

Die gebildeten Menschen der Antike kannten den Begriff des *otium cum dignitate,* der *Muße mit Würde.* (Nicht, dass hier der Eindruck einer falschen Geschichtsromantik entsteht: Dies galt für eine kleine, privilegierte Gruppe, nicht für das gemeine Volk oder Sklaven, die zu niederer Arbeit verdammt waren!) Noch Montaigne (1533 – 1592) steht in dieser Tradition, wenn er sich in seinen *Essays* beglückt fühlt über das alltägliche Wunder, am Leben zu sein und es zu genießen: „Wenn ich tanze, tanze ich, und wenn ich schlafe, schlafe ich; selbst wenn ich einsam durch einen schönen Park spaziere und meine Gedanken sich eine Zeitlang mit anderweitigen Dingen beschäftigen, lenke ich sie dann auf den Spaziergang zurück, auf den Park, auf den Zauber dieser Einsamkeit auf mich. Die Natur war in mütterlicher Fürsorge darauf bedacht, dass alles, was sie uns an lebensnotwenigen Verrichtungen auferlegt hat, uns Lust bereite; und so drängt sie uns nicht allein durch die Vernunft dazu, sondern auch durch das Verlangen. Es ist daher abwegig, den Charakter ihrer Gebote zu verstümmeln."

Der gleiche Humanist des Spätmittelalters weist uns mit einer derben Anekdote über den Sklaven Aesop, den unsterblichen Schöpfer der griechischen Tierfabel im 6. Jahrhundert v. Chr., auf die Entdeckung der Langsamkeit hin. Montaigne: „Als Aesop, dieser große Mann, seinen Herrn im Gehen pissen sah, rief er aus: ‚Wie, werden wir gar im Laufen scheißen müssen?' Gewiss sollten wir mit unserer Zeit haushälterisch umgehen – doch selbst dann wird uns noch viel brach Liegendes und schlecht Genutztes übrigbleiben. Unser Geist sträubt sich gegen die Einsicht, dass er Stunden genug für seine Aufgaben zur Verfügung hat, ohne dem Körper auch noch die kurze Spanne streitig zu machen, die dieser für seine Bedürfnisse braucht."

Über neunzehn Prozent der dreizehnjährigen deutschen Jugendlichen besitzen inzwischen ein Handy. Bei den über achtzehnjährigen sind es praktisch hundert Prozent. Ob jung oder erwachsen – Wartezeiten, ob an der Straßenbahn oder an den Gates der Flughäfen, werden vertelefoniert. Keiner nützt die Wartezeit, um einfach einmal nachzudenken und abzuschalten. Mehr als die Hälfte der deutschen Arbeitnehmer antworten selbst im Urlaub auf geschäftliche E-Mails. Wir nutzen nicht nur die Kommunikationstechnik, sondern wir passen unseren Lebensrhythmus den Geräten an. Mittlerweile übersteigt in Deutschland die Anzahl der Internetanschlüsse und Mobilfunkverträge die Anzahl der Menschen. Kurioserweise findet sich die Herkunft des Wortes *Computer* im lateinischen *computum* – dem Wort für den Rosenkranz, mit dem katholische

Christen bedächtig ihre Gebete zählen. Die konstante Wiederholung und das Murmeln des *Ave Maria* soll, wie auch das Mantra in der fernöstlichen Meditationslehre, beruhigend wirken. Ausgerechnet aus dem Verb *computare, berechnen,* wurde der größte Beschleuniger der Weltgeschichte – der Computer.

Die Griechen sprachen dagegen von der Kunst des Maßhaltens, der *sophrosyne.* Sie galt neben der Gerechtigkeit, der Weisheit und der Tapferkeit als vierte Haupttugend. Auf dem Fries des Tempels in Delphi, der dem Gott Apollon geweiht war, stand auf der einen Seite „Nichts im Übermaß", auf der anderen Seite „Erkenne dich selbst". Aristoteles (384 – 322 v. Chr.) spricht in seiner *Nikomaschischen Ethik* von der Kunst, die *Mitte* als Maß zwischen den Extremen zu wählen *(mesótes):* „Das Beste und Edelste ist nach der richtigen Auffassung das, was zwischen dem Übermaß und dem Mangel in der Mitte liegt, und zwar bezogen auf uns selbst." Und: „Das Spiel gleicht einer Erholung, da man nicht ununterbrochen arbeiten kann, bedarf man der Erholung."

In der Muße verliert sich der Mensch nicht, sondern, im Gegenteil, er findet sich. Die richtige Muße nährt uns, lädt unsere Batterien wieder auf, gibt uns neue geistige Impulse. Seneca schrieb *Über die Kürze des Lebens:* „Nur die allein leben in Muße, die ihre Zeit der Weisheit widmen; sie allein leben wirklich; nicht nur ihre eigene Lebenszeit hüten sie gut, sondern sie fügen auch jedes Zeitalter dem ihrigen bei. Sämtliche Jahre, die vor ihnen gelebt worden sind, gewinnen sie für sich ... Es ist uns gestattet, mit Sokrates zu disputieren, mit Epikur der Ruhe zu pflegen, mit den Stoikern die menschliche Natur zu überwinden ... Das Leben der Weisen hat also eine weite Ausdehnung; ... Sehr kurz und sorgenvoll dagegen ist das Leben derer, die das Vergangene vergessen, das Gegenwärtige vernachlässigen, das Zukünftige fürchten. Wenn sie an das Ende gelangt sind, dann sehen die Beklagenswerten zu spät ein, dass sie vielgeschäftig waren und doch nichts getan haben."

Als ich nach einem Vortrag in Bünde/Westfalen Bücher signierte, war ich über einen etwa 50-jährigen Mann erstaunt, der sich gleich vier philosophische Bücher aus meiner *blauen reihe* kaufte: Seneca, Augustinus, Voltaire und Kant. „Wie schön – Sie sind an Philosophie interessiert", bemerkte ich erfreut. Der Mann: „Ja, aber erst seit neuestem." Ich: „Warum das? Was ist passiert?" Der Mann: „Ich hatte einen Herzinfarkt. Einschließlich Reha war ich ein Vierteljahr in der Klinik. Jetzt bin ich erst einmal freigestellt. Der Schock hat mich gezwungen, über mich nachzudenken. Wer bin ich? Was will ich? Was ist der Sinn des Lebens? Da wurden mir die Philosophen zu Wegweisern und Fragestellern. Ich pausiere physisch. Psychisch gerate ich nach langem Stillstand und Berufsstress wieder in Bewegung. Denken hilft."

Alles, was lebt, hat ein inneres Maß: Balance. Krankheiten, Klimawandel, Umweltkatastrophen sind nicht zuletzt Folgen unserer Maßlosigkeit. Das Maß ist die Tugend des Menschen, das Unmaß sein Laster. Schon das alte deutsche Sprichwort sagt: „Man muss nicht mehr schlachten, als man salzen kann."

Als ehemaligem Ordensschüler sind mir die drei Regeln des Maßes vertraut, die der Ordensgründer Benedikt angemahnt hat. Da ist einmal die *discretio*, die Gabe der *Unterscheidung*. Ich benötige einen realistischen Blick für das Maß jedes Einzelnen, ob es ein Ding, der andere Mensch ist oder ob ich es selbst bin. Meine Ansprüche und Erwartungen an das Leben und die Liebe müssen angemessen sein.

Die Zeit der Maß-Regel ist die *mensur*, das ursprüngliche Getreidemaß. Es ist das *Maß* meiner Fähigkeiten und meiner Kraft, das allein meinem Handeln zugrunde liegen kann. Werde ich maßlos, gerate ich, modern gesprochen, in Burnout und Depression. Ermüdung und Erschöpfung sind die ernst zu nehmenden Markierungen auf meiner alltäglichen Lebensskala.

Temperare, das *Maßhalten* in der Zeit *(tempus, die Zeit)*, ist nach Benedikt die dritte Maßregel. Heute würden wir sagen, wir müssen nach unserem körperlichen und geistigen Biorhythmus leben. Wir brauchen Zeit, die uns alleine gehört. Zeit für den Partner. Zeit für die Kinder. Was haben sie von einem physisch anwesenden, aber psychisch abwesenden Vater, der am Computer hängt oder während des Essens am Handy quasselt. Nach getaner Arbeit ist gut Ruhen. Die Ruhe ist die Quelle der Kraft. Ruhe lindert Leiden. Ruhe zieht das Leben an, Unruhe verscheucht es. Ruhe gibt jenen existentiellen Frieden, der um die Endlichkeit weiß. Goethe fand dafür in seinem *Wanderers Nachtlied* die unvergleichliche Form:

> *Über allen Gipfeln*
> *Ist Ruh,*
> *In allen Wipfeln*
> *Spürst Du*
> *Kaum einen Hauch;*
> *Die Vögelein schweigen*
> *Im Walde,*
> *Warte nur, balde*
> *Ruhest Du auch.*

Das Leben ist uns als ein Meisterstück aufgegeben. Setzen wir mit Cicero dem *Negotium*, der Nicht-Muße, der *Arbeit*, das würdevolle *otium,* die schöne Muße, immer wieder entgegen. Cicero meinte, dass „Nichtstun erquickt". Arthur Schopenhauer äußerte die Auffassung, „das glücklichste Los ist die Entbindung von Tun und Lassen."

In dem bereits erwähnten Roman von Stan Nadolny *Die Entdeckung der Langsamkeit*, einer halbfiktionalen Romanbiografie über den englischen Seefahrer und Nordpolforscher John Franklin (1786 – 1847), sagt der zögerliche Held einmal: „Der Mensch muss sich über die Zeit erheben können." Franklin, der schnelle Vorgänge wie in Zeitlupe ablaufen sieht, wird deshalb von seinen Marinekameraden in der Ausbildung gehänselt: „Ein langsamer Kapitän, so etwas geht gar nicht", sagt ein Midshipman, „wie soll das erst werden, wenn wir unterwegs sind?" Prompt bekommt Franklin auch einen Spitznamen: Käpt'n Handicap. Doch gerade dank seiner Langsamkeit und Gründlichkeit ist Franklin erfolgreich. Sein selbstbewusstes Statement: „Ich bin der Kommandant und lasse daran nie einen Zweifel, vor allem nicht bei mir selbst. Meiner Geschwindigkeit müssen sich, weil sie die langsamste ist, alle anderen anpassen. Erst wenn in diesem Punkt Respekt geschaffen ist, können Sicherheit und Aufmerksamkeit einkehren. Ich bin mir selbst ein Freund. Ich nehme ernst, was ich denke und empfinde. Die Zeit, die ich dafür brauche, ist nie vertan. Dasselbe gesteh ich auch den anderen zu."

Vielschichtig durchschaut Nadolny das Trügerische des rasenden Zeitgeistes: „Jetzt waren die Londoner Zifferblätter weiß. Viele Uhren hatten Sekundenzeiger wie vorher nur die Schiffschronometer. Uhren und Menschen waren genauer geworden. John hätte das gutgeheißen, wenn daraus mehr Ruhe und Gemessenheit entstanden wäre. Stattdessen beobachtete er überall nur Zeitknappheit und Eile. Oder wollte nur für ihn, John, niemand mehr seine Zeit opfern? Nein, es musste eine allgemeine Mode sein. Der Griff zur Uhrkette war häufiger geworden als der zum Hut. Man hörte kaum Flüche, der Ausruf: ‚Keine Zeit!' war an ihre Stelle getreten."

Franklin beschließt, ein Reservat für sich selbst zu schaffen, in welchem er seine Zeit hüten konnte: „Er sah Maschinen und Einrichtungen vor sich, die nicht der Ausnutzung, sondern dem Schutz der individuellen Zeit dienten, Reservate für Sorgfalt, Zärtlichkeit, Nachdenken. Auch schienen ihm Schulen möglich, in denen nicht mehr das Lernen unterdrückt und die Unterdrückung gelehrt wurde."

Wehren wir uns gegen die Vertreibung der Muße! Wird die Entscheidung des Bundesverfassungsgerichtes, die Sonntagsruhe zu erhalten, auf Dauer Bestand haben? Im World Wide Web ist er schon lange abgeschafft – buchstäblich nonstop wird sich unterhalten und gehandelt. Schon heute kennt das Internet keinen Sonntag. Inzwischen fordert jedoch der „Kongress der Gemeinden und Regionen" unter der Regie des Europarates eine Reform der herrschenden Zeitpolitik, ein allgemeines *Recht auf Zeit*. Die Zeit sei, so befanden die Teilnehmer, „ein wichtiger Aspekt der Lebensqualität und ein erheblicher Faktor für Ungleichheit" *(DIE ZEIT, 6/2011)*. Sie denken an „Zeitbüros" und „Zeitagenturen", um „Angebot und Nachfrage nach Zeit abzustimmen". Das bedeutet, familiengerechte Zeitstrukturen einzurichten, Öffnungszeiten von Behörden für Berufstätige umzustellen. Wäre das nicht wahrer „Zeitwohlstand", und das europaweit?

Die Vertreibung der Muße produziert auch den Auszug der Stille. Ob mit Musikberieselung oder Dauergerede – wir schweigen nicht mehr, wir nehmen nicht mehr wahr, wir verlieren das Maß der Dinge. *DIE ZEIT (35/2010)* diagnostizierte diese Manie als eine Art moderner Zeitkrankheit: „Krankheit als Metapher? Dubios. Aber als Signum einer Epoche? Natürlich hat es zu (fast) allen Zeiten Pest und Krebs und Schwindsucht gegeben. Doch obwohl wir das wissen, denken wir, wenn wir das Wort Pest hören, gleich an den Herbst des Mittelalters, an Totentanz und Dekameron (Boccaccios hundert Erzählungen in der italienischen Pestzeit des 14. Jahrhunderts – M. J.), Glaubenskrise und Apokalypse ... Und die Pest der kommenden Zeit? Des digitalen 21. Jahrhunderts? Auf der Straße begegnet uns schon ihr Bild: apathische Menschen mit Stöpseln im Ohr, den starren Blick stereotyp auf Handy und Blackberry gesenkt, ohne Wahrnehmung der Außenwelt. Der Autismus."

Der Initiationstherapeut Karlfried Graf von Dürckheim bemerkt in seiner schmalen Schrift *Japan und die Kultur der Stille* (München 1949): „Die Zeit, aus der wir kommen, wirkte – Jahrzehnt um Jahrzehnt in steigendem Maße – dem Segen der Stille entgegen. Die Gegenwart, in der wir leben, ist einer Kultur der Stille anscheinend vollends entgegengesetzt. Und doch waren die Menschen vielleicht noch nie so wie heute von einer Sehnsucht nach Stille erfüllt und so bereit, der Stille Raum zu geben – wenn sie nur wüssten, wo diesen Raum finden. Wir sind umdröhnt vom Getön einer technisierten Welt." Vernichtet der moderne Mensch die Stille, fragt der Denker: „So als sei sie nichts anderes als eine schreckenerregende Leere, vor der ihn, wo immer das Leben ihn einmal einen Augenblick lang aus ihrer Tiefe berührt, der Horror Vacui (die Angst vor der Leere – M. J.) ergreift." Und: „Wo der Mensch den Kern seines Wesens vergisst, setzt er sich um so ausschließlicher in seine Schale. Wo die innere Fülle sich ausschweigt, sucht er den äußeren Lärm." Und doch macht er Mut, glaubt er doch an einen verbliebenen Keim der Stille in uns: „Auch in unserer Zeit ist die Urerfahrung des Menschen noch nicht vollends verschüttet, dass er immer, wo er wahrhaft glücklich ist, still wird, und dass umgekehrt dort, wo er vermag, wahrhaft stille zu werden, das wahre Glück ihm erst aufgeht."

Dürckheim verweist auf die klassischen, meist fernöstlichen Schulen der Weisheit, deren Ziel es ist, den Menschen zur Stille zu führen. Mir scheint, wir schaffen es mit und ohne diese meditativen Hilfestellungen. Die französische Chansonsängerin, Theater- und Filmschauspielerin Juliette Gréco, in den Sechzigerjahren die Muse der Pariser Existenzialisten in den Kellerclubs von Saint-Germain des Prés, zieht (in: *Lebenslinien*) eine Bilanz ihres 80-jährigen Lebens: „Vielleicht ist mein Bedürfnis nach Stille, das ich immer hatte, noch größer geworden. Ich vermeide Lärm, wo immer ich kann. Stille ist etwas sehr Kostbares, ich genieße sie. Auf der Bühne dagegen genieße ich die Macht, die Stille zu verändern." Sie könnte es bei Goethe gelesen haben: „Wenn du stille wirst, ist dir geholfen".

Was also tun? Das weiß jeder von uns selbst. Einen Sonnenuntergang bewundern. Langsam barfuß durchs Gras gehen. Den Garten umgraben. Spielen mit Kindern. Im Badezimmer herumtrödeln. Sich versenken in ein Buch. In der Hängematte liegen. Plaudern. Lächeln. Schwimmen. Ein Wochenende im Bademantel verbringen. Klavierspielen. Singen. Malen. Ballspielen. Töpfern. Basteln. Maulaffen feilhalten. Albern sein. In der Sonne liegen. Lange ausschlafen. Ein warmes, entspannendes Bad genießen. Telefon und Haustürklingel abstellen. In Straßencafés sitzen. Flanieren, im Sinne des Berliner Schriftstellers und Philosophen Walter Benjamin: als unbewusstes, meditatives Sich-Verirren in einer mir eigentlich bekannten Gegend oder Stadt.

In dem lesenswerten Buch des Münchner Diplompsychologen Louis Lewitan, *Die Kunst, gelassen zu bleiben. Den Stress meistern – Erkundungen bei den Besten* (München 2009, 2. Auflage), befragt er prominente Männer und Frauen, also eher klassische Stresstypen, nach ihren Inseln der Muße. Die Filmemacherin Doris Dörrie schwört auf richtiges Atmen. Das mag naiv klingen, hat aber bei ihr einen bedeutsamen Hintergrund: „Mein Mann erkrankte an

Leberkrebs und starb drei Jahre später. Während seiner Krankheit wollte ich natürlich für ihn da sein, aber auch für meine kleine Tochter. Ich musste die Familie plötzlich von einem Tag auf den anderen ganz alleine versorgen. Es gab sehr viele, ganz konkrete Probleme, aber am schlimmsten war diese irrsinnige Angst, meinen Mann zu verlieren. Da war für mich der Punkt erreicht, wo die üblichen Methoden, wie der Versuch, vernünftig zu sein, sich zur Ruhe zu zwingen, nicht mehr funktionierten. Das Einzige, was für mich stimmte, war: hinsetzen, Klappe halten und auf den Atem achten, sonst nichts."

Auf Kränkungen reagiert Doris Dörrie, „Indem ich mich selbst nicht so ernst nehme. Das ist der Trick. Da hole ich Herrn Tod an meine Seite und frage ihn: ‚Was sagst du zu der schlechten Kritik?' Ich werde ihn laut lachen hören, und er wird sagen: ‚Eine schlechte Kritik? Ich bitte dich!'" (in: *Lebenslinien*).

Der Kabarettist Gerhard Polt, Jahrgang 1942, studierter Politikwissenschaftler und Skandinavist, antwortet (in dem gleichen empfehlenswerten Buch) auf die Frage nach der Tyrannei der Zeitdiktatur und des grassierenden Zeitmangels: „Ich kann wahrscheinlich gar nicht anders, als diese Übermobilität als etwas Absurdes und Eigenartiges zu betrachten. Ich bewundere Menschen, die sich einen anderen

Zeitduktus bewahrt haben. Wenn ich einen alten Brotzeitesser sehe, wie der langsam seine Scheibe runterschneidet und dann genüsslich irgendeine Wurst isst, mit einem Genuss und einer Freude. Und wenn man dem gegenüberstellt, wie Leute im ICE im Speisewagen schnell was runterwürgen, daneben haben sie noch einen Laptop stehen … diese Hast macht viele Menschen krank, ganz sicher."

Polt schätzt die höhere Art von Sinnlosigkeit: „Ich habe ein Wort dafür gefunden, wenn ich manchmal einfach wo sitze: Ich ,sinnlose' vor mich hin. Das heißt, es hat keinen Sinn, was ich tue, und ich bin auch froh, dass keiner da ist, kein Sinn, dass ich nichts Sinnvolles tun muss. Da gibt es doch diesen schönen Sketch von Loriot, wo einer dasitzt und die Frau ihn immer drängt, spazieren zu gehen oder Zeitung zu lesen, und er sagt immer: ,Ich möchte einfach nur hier sitzen'. Also das ist wunderbar." Polt sagt: „Heute gibt es kaum Pausen mehr im Sinne des Nichtstuns, sondern selbst die Muße steht unter dem Effizienzstreben, die Arbeitskraft wieder herzustellen."

Nicht von ungefähr sprechen wir von einer „Freizeitindustrie". Die Zeit, das bloße Verweilen, ist eine Wohltat, bemerkt Gerhard Polt: „Wenn mir ein Zug wegfährt, und ich sitze dann am Bahnhof rum, dann bin ich eher ein Fatalist. Ich sage naja, schaue ich mich um, und manchmal ergibt sich irgendwas, und irgendwas nehme ich dann doch mit."

So lässt sich Zeit leben. „Die Zeit ist eine große Lehrerin", bemerkte der Meister der Boulevardkomödie Curt Goetz (1888 – 1960), „schade nur, dass sie ihre Schüler umbringt".

Das Alter – verrinnende Zeit:
Akzeptanz und Herausforderung

*Es ist heute viel mehr von dem in unsere eigenen Hände
gelegt, damit auch in unsere eigene Verantwortung,
was man früher als Schicksal angesehen hat. Passives
Hinnehmen des Schicksals ist der heutigen dynamischen
Zeit fremd. Und das wird sich auch auf die Einstellung
zum Alter auswirken, welches wir durch vernünftige
Vorbereitung und Gestaltung zu einem Lebensabschnitt
machen wollen, der durchaus noch Gestaltungsmöglich-
keiten enthält, neben dem Hinzunehmenden, das immer
auch dazugehören wird.*

Fritz Riemann, Wolfgang Kleespies
Die Kunst des Alterns. Reifen und Loslassen
München 2005, 3. Auflage

Ich weiß noch genau, wie mein Alter mich kalt er-
wischte. Es ist eine banale Geschichte, aber für mich
war sie wichtig und schmerzlich. Das erste Mal
geschah es um meinen fünfzigsten Geburtstag herum. Ich traute meinen Augen nicht. Innerhalb eines
halben Jahres wurden meine Haare grau. Jetzt konnte ich nicht mehr wie früher über Schillers berühm-
ten Satz schmunzeln „Auch ich war einst ein Jüng-

ling im lockigen Haar." Das Lachen war mir vergangen. Schlimmer noch: Ich tat etwas, was man einem früheren Bundeskanzler unter Gerichtsandrohung nicht nachsagen durfte – ich tönte meine Haare. In Richtung schmutzig-braun. Ich sah aus wie eine Klobürste. Schrecklich. Dann schämte ich mich. „Du willst Therapeut sein", sagte ich mir, „und akzeptierst den grauen Esel in dir nicht!" Also ließ ich das schwachsinnige Haarfärben. Ein Stück von diesem nagenden Schmerz ist dennoch bis heute geblieben.

Das zweite Mal geschah mir der Winterüberfall des Alters um den sechzigsten Geburtstag herum. Ich musste zum Zahnarzt. Er extrahierte mir einen bis in die Wurzeln verrotteten Backenzahn. „Was machen Sie jetzt?", fragte ich ängstlich, „setzen Sie ein Implantat ein?" Der geschätzte Mediziner meinte lakonisch: „Das lohnt sich nicht mehr." Ich war fassungslos. Meine Instandhaltung lohnte sich nicht mehr! Dann soll man mir doch, dachte ich, gleich eine Abwrackprämie wie für ein altes Auto geben! „Vielleicht", so empfahl ich dem verdutzten Zahnarzt mit krampfhaft-selbstironischer Erbitterung, „geben Sie mir jetzt aktive Sterbehilfe".

Noch ein drittes Mal zwickte mich vernehmlich das Alter, also kurz vor meinem siebzigsten Geburtstag.

Drei Schneidezähne waren locker geworden. Sie mussten gezogen werden. An ihre Stelle kam eine kunstvoll im Dentallabor fabrizierte Brücke. Sie wurde, wie üblich, an den rechts und links stehenden gesunden Zähnen verankert. Nun bange ich, ob diese in Zukunft halten. Wenn nicht, steht dann ein Gebiss an? Ein schauerlicher Gedanke. Ich sehe mich schon abends das Gebiss ins Wasserglas legen, und meine Frau legt mir auf den Geburtstagstisch eine Tube Kukident.

Diese Altersunsicherheit ist vielleicht doch nicht so ganz banal. Jean Améry notiert in seiner legendären Anklageschrift *Über das Altern. Revolte und Resignation* (Stuttgart 1971) eine ähnliche, durch den Defekt eines einzigen Zahnes provozierte Seinserschütterung: „Was sind wir Menschen doch? Ein Wohnhaus grimmiger Schmerzen, denkt A (Jean Améry – M. J.) eines nachts mit Zahnweh erwachend. Wahrscheinlich wird es eine Periostitis, hervorgerufen durch die Abflachung der Zahnfleischtaschen, in deren Folge die Bakterien in den Kiefer eindrangen. Grimmiger Schmerz, der mich anfällt, so dass man wahrscheinlich den Zahn wird ziehen müssen, auf den die Brücke sich stützt. Damit wird ein kunstvolles dentistisches Bauwerk zusammenbrechen, und danach wird, sofern ich nicht mummelnd mit eingefallenem Munde, früh vergreist durch die Welt gehen will, was leider beruflich nicht möglich ist, wiewohl es vielleicht das Bequemste wäre, die Zahnprothese kommen: extreme Materialisierung meines ohnehin stark materialisierten Körpers. Die Zahnprothese ist, wie ich aus unzähligen mehr- oder minderwitzigen Witzen weiß, nicht tragisch, nur lächerlich."

Améry bringt diese körperliche Hinfälligkeit auf den existenzphilosophischen Begriff: „Ich bin ich im Altern *durch* meinen Körper und *gegen* ihn: Ich war ich, als ich jung war, *ohne* meinen Leib und mit ihm. Ich werde, wenn ich erst das Stadium des Alterns überschreite und in die Armee der Alten einrücke, nur noch Körper sein und sonst nichts, Körper als fortschreitende Energieabnahme." Améry kann sich auf Goethe stützen. Der Dichter gesteht (in: *Xenien*): „Zahnreihen, aber junge, neidlos anzusehen, das ist die größte Prüfung des Alten."

Das Alter ist nach Améry eine grausame Desillusion: „Wir mögen dem Spiegel ausweichen. Wir können aber nicht verhindern, dass wir unsere Hände sehen, an denen die Adern hervortreten, unseren Bauch, der schlaff und faltig wird, unsere Füße, deren Zehennägel trotz aller Pedikürkünste verdickt und rissig wurden. Wir können unserem Körper, wären wir selbst blind, nicht davonlaufen, können nicht aus der Haut fahren, wie wir das nur allzu gerne möchten, wenn wir diese schilfrig sich schuppende Haut betrachten. Der Körper ... wird zu unserem Gefängnis, aber auch zu unserem letzten Obdach. Er wird Hülle – das Wort von der ‚sterblichen Hülle‘ drängt wohl jedem Alternden sich auf, der seinem leiblichen Geschehen nachdenkt."

Améry, als Jude und KZ-Häftling gefoltert, ist ohnehin traumatisiert und gegenüber der „Bestie Mensch" erzpessimistisch. Er wird Jahre später in einem Salzburger Hotel den Freitod wählen. In seiner Suizidschrift *Hand an sich legen* hatte er diese Option als Menschenrecht eingefordert, in der Tradition großer Philosophen und Schriftsteller, von Seneca bis Hume, von Arthur Köster bis Martin Walser. Man mag seine bittere Sicht nicht teilen, aber sie ist ein gewichtiges Monitum, eine Mahnung, die Schwere und Melancholie des Alters nicht zu verdrängen. Denn wer behauptet, das Alter, das Nachlassen der Körperlichkeit, das sich vervielfachende Sterben der eigenen Zeitgenossen und die immer kürzer werdende eigene Lebensspanne mache ihm überhaupt nichts aus, der lügt.

Mit Oberflächlichkeit und Trostsprüchen wie „Ich bin so alt, wie ich mich fühle" ist es auf die Dauer nicht getan. Wir müssen uns dem *skandalon* des

Todes stellen. Wir sind die einzige Kreatur auf diesem Planeten, die um die Auslöschung der eigenen Individualität weiß. Améry beschreibt diese Ungeheuerlichkeit philosophisch mit den Worten: „Die Urkontradiktion (der Grundwiderspruch – M. J.), der Tod, erwartet uns und zwingt uns, logisch unsaubere Sätze zu bilden, wie, ‚wenn ich nicht mehr bin'. Er ist schon in uns und schafft Raum für Zweideutigkeit und Widerspruch. Wir werden Ich und Nicht-Ich … Wir werden uns fremder und vertrauter, nichts ist mehr selbstverständlich. Die Evidenzen sind nicht mehr glaubhaft. Die Selbstentfremdung wird zur Seinsentfremdung, wie getreulich auch immer wir dem Tage nachgehen, unsere Steuererklärung ausfüllen, den Zahnarzt aufsuchen. Sagten wir, dass im Altern die Welt zu unserer Verneinung werde? Wir hätten ebenso gut sagen dürfen, dass wir schon im Begriffe stehen, die Negation unseres Selbst zu sein. Tag und Nacht heben einander auf in der Dämmerung."

Die Welt, so Améry verweigert uns Alten den Kredit auf die Zukunft. Keiner fragt uns mehr: „Was willst du tun? Du wirst gefragt: Was hast du getan? Was war dein Beruf? Was hast du hinter dir? Wie war das aufregend, als man uns als jungen Menschen nach unserer Potenzialität gefragt hat: Was willst du werden? Was steckt in dir?"

Es ist, nach Améry, gleichermaßen Realitätsverleugnung, das Alter als eine Idylle zu malen – Mann Pfeife rauchend, Frau strickend auf der Gartenbank –, oder esoterisch von einem neuen energetischen Sein als Molekül in einer der unzähligen Galaxien zu träumen: „Der im Idyll Alternde und Alte nimmt die Ver-Nichtung durch die Gesellschaft so wenig zur Kenntnis wie der aufgeregte Jungbleibende: Dieser redet sich ein, er könne die Zeit aufholen, die über ihn hinwegrollt, jener leugnet sie einfach ab, indem er ihr das Begriffspoem Ewigkeit entgegenstellt. Beide leben sie in der Unwahrheit".

Alt werden ist nichts für Feiglinge. Es ist nun mal kein Zuckerschlecken. „Alt werden ist eine lausige Idee", konstatiert Woody Allen mit grimmigem Scherz: „Du wirst nicht klüger, schöner, freundlicher. Dein Rücken tut weh, du brauchst ein Hörgerät. Es ist wie im Film. Es ist einfach besser, jung zu sein und das Mädchen zu kriegen."

Spricht der Pessimismus das letzte Wort? Auch Schopenhauer ist dieser Ansicht. In seinen *Aphorismen zur Lebensweisheit* räsoniert er gallenbitter: „Der Grundcharakterzug des höheren Alters ist das Enttäuschtsein: Die Illusionen sind verschwunden, welche bis dahin dem Leben seinen Reiz und der Tätigkeit ihren Sporn verliehen; man hat das Nichtige und Leere aller Herrlichkeiten der Welt, zumal des Prunkes, Glanzes und Hoheitsscheins, erkannt."

Simone de Beauvoir teilt in ihrem aufwühlenden Essay *Das Alter* (Hamburg 1972) grundsätzlich diesen Pessimismus, nicht ohne allerdings Alternativen aufzuzeigen. Sie reflektiert: „Als Kind war ich bestürzt, ja sogar entsetzt, als mir klar wurde, dass ich mich eines Tages in einen Erwachsenen verwandeln würde. Aber der Wunsch, man selbst zu bleiben, wird in jungen Jahren im Allgemeinen kompensiert durch die erheblichen Vorteile, die das Erwachsensein mit sich bringt. Wohingegen das Alter wie ein Unglück erscheint: selbst bei Leuten, die als ‚gesund und rüstig' gelten, springt der körperliche Verfall ins Auge. Denn beim Menschen sind die Veränderungen, die das Alter hervorruft, am auffallendsten. Tiere werden mager, schwach, aber sie machen keine Metamorphose durch. Wir hingegen schon. Es schnürt einem das Herz zusammen, wenn man neben einer schönen jungen Frau ihren Abglanz im Spiegel der Zukunft sieht: ihre Mutter." Und: „Hören wir auf, uns selbst zu belügen; der Sinn unseres Lebens ist infrage gestellt durch die Zukunft, die uns erwartet; wir wissen nicht, wer wir sind, wenn wir nicht wissen, wer wir sein werden: Erkennen wir uns in diesem alten Mann, in jener alten Frau. Das ist unerlässlich, wenn wir unsere menschliche Situation als Ganzes akzeptieren wollen."

Mein Alter stellt nach der französischen Philosophin die größte Herausforderung an mich. Habe ich doch das Alter immer als das Fremde schlechthin betrachtet. Jetzt bin ich selbst alt, fühle mich noch jung und bin doch der/die fremde Alte, also das, was ich nie sein wollte. Simone de Beauvoir: „Der radikale Unterschied zwischen der Sehweise des alten Menschen und der des Kindes oder der des Heranwachsenden besteht darin, dass der alte Mensch seine Endlichkeit entdeckt hat, von der er am Anfang seines Lebens nicht wusste … Der alte Mensch weiß, dass sein Leben gelebt ist und dass er nicht noch einmal leben kann. Die Zukunft ist nicht mehr von Verheißungen erfüllt, sie schrumpft in dem Maße, wie das endliche Sein, das sie zu leben hat."

Aber stimmt es, wenn die Schriftstellerin meint, „Tatsächlich muss man das Alter, mehr noch als den Tod, als Gegensatz zum Leben betrachten. Es ist die Parodie des Lebens"? Sagt sie nicht selbst: „Auf vielen Gebieten – Philosophie, Ideologie, Politik – ist der alte Mensch einer synthetischen Schau fähig, wie sie den Jungen versagt ist … Man muss lange gelebt haben, ehe man sich ein richtiges Bild von der *conditio humana* (den Bedingungen des Menschseins –

M. J.) machen kann, ehe man eine Übersicht über den Lauf der Dinge gewinnt ... Aus diesem Grund ist dem Verlauf der Geschichte alten Menschen oft große Verantwortung übertragen worden."

Im *Talmud* heißt es einmal bitter: „Die Jugend ist ein Rosenkranz, das Alter ist ein Dornenkranz." Das kann nicht der Weisheit letzter Schluss sein. Simone de Beauvoir nennt nach ihrer äußerst kritischen Bestandsaufnahme des Alters (zu der damals auch die materiell verheerend schlechte Lage von Rentnerinnen und Rentnern gerechnet werden musste) am Ende Alternativen: „Wollen wir vermeiden, dass das Alter zur kritischen Parodie unserer früheren Existenz wird, so gibt es nur eine einzige Lösung, nämlich weiterhin Ziele zu verfolgen, die unserem Leben einen Sinn verleihen: das hingebungsvolle Tätigsein für einzelne, für Gruppen oder für eine Sache, Sozialarbeit, politische, geistige oder schöpferische Arbeiten. Im Gegensatz zu den Empfehlungen der Moralisten muss man sich wünschen, auch noch im hohen Alter starke Leidenschaften zu haben, die es uns ersparen, dass wir uns nur mit uns selbst beschäftigen. Überleben behält einen Wert, solange man durch Liebe, Freundschaft oder Mitgefühl am Leben der anderen teilnimmt. Dann bleiben auch Gründe, zu handeln oder zu sprechen."

Simone de Beauvoir warnt aber auch vor billigem Materialismus: „Es wird den Menschen oft geraten, sich auf ihr Alter ‚vorzubereiten'. Wenn es sich aber nur darum handelt, Geld auf die Seite zu legen, einen Alterssitz zu wählen oder Hobbys anzufangen, dann wird einem, wenn es so weit ist, wenig geholfen sein."

Alter ist nach André Gide und Jean Paul Sartre *une naufrage, ein Schiffbruch.* Alter ist aber auch, mit Marx zu sprechen, der Eintritt vom Reich der (ökonomischen) Notwendigkeit in das Reich der Freiheit.

Alt werden heißt aber auch, die Schwere und die Todesfinalität dieser letzten Phase schonungslos zu akzeptieren und nicht zu verdrängen. Sie fordert uns wie keine andere Lebensperiode zuvor zur erhöhten Reflexion und Eigenaktivität auf. Ich habe mich gefragt, was „erfolgreiche Alte" für diese neue Lebensphilosophie des Alters erkannt haben. Der Bergsteiger und Naturschützer Reinhold Messner sagt in dem Protokollband des Diplompsychologen Louis Lewetan *Die Kunst, gelassen zu bleiben. Den Stress meistern – Erkundungen bei den Besten*: „Ich finde es wahnsinnig wichtig, dass sich Menschen mit dem Älterwerden befassen. Ich setze mich mit der Frage des Alterns auseinander und reduziere meine Aktivitäten dort, wo ich an Kompetenz oder Kapazität verliere. Ich verlagere meine Aktivitäten mehr und mehr ins Mentale. Ich werde mich bemühen, jedes Jahr ein Buch zu schreiben, um meine Gehirnzellen zu trainieren, das macht mir wahnsinnig viel Spaß. Es geht mir nicht darum, Geld zu verdienen. Bücher zu schreiben bringt kein Geld, es ist nur interessant, sich zu positionieren, Auseinandersetzungen zu führen und vor allem das Gehirn zu betätigen."

Alter kann, vor allem für Männer, die Befreiung von destruktiver sexueller Energie und die Gewinnung eines milden Eros bedeuten. Davon berichten mir viele Klienten in meinem Alter, und auch ich erlebe es so. Der 2010 verstorbene Regisseur Claude Chabrol bekennt (in: *Lebenslinien*): „Bevor man 65 ist oder so, ist das Gleichgewicht zwischen Vernunft und Leidenschaft immer wieder durch die Sexualität gefährdet. Sie hat die Tendenz, uns mit Gefühlen und mit Begierden zu überschwemmen. Man muss schon einige Anstrengung aufwenden, damit der Verstand nicht völlig ausgehebelt wird. Deshalb bin ich so glücklich, dass meine Liebe zu Aurore (seiner Frau – M. J.) nicht nur leidenschaftlich, sondern gleichzeitig so vollkommen vernünftig ist. Zum anderen, was das Gleichgewicht gefährdet, kommt bei einem Mann der Zwang hinzu, seine Virilität beweisen zu müssen. Gott sei Dank fällt der mit zunehmendem Alter weg! Es ist sehr gut, dass die Physis diese Gefahr ab 65 kontrolliert. Ich muss heute nicht mehr hinter den jungen Mädchen herrennen."

Alter als Gleichgewicht. Auch hierzu fand der Filmemacher Worte, die unsere *soziale* Existenz erhellen: „Die andere Ebene, auf der ich versucht habe, ein Gleichgewicht zu finden, war die Beziehung zwischen meinem Egoismus und der Gesellschaft. Ich bin der Meinung, dass man der Gesellschaft etwas schuldet, wie viel, hängt von den eigenen Umständen und Möglichkeiten ab. Um es mathematisch auszudrücken: In meinen Augen wäre es ideal, die Hälfte der Kräfte, die einem zur Verfügung stehen, für sich selbst zu verwenden. Das müsste eigentlich genügen. Den Rest könnte man benutzen, um sich für die anderen einzusetzen, zu 50 oder zu einem Prozent, je nachdem, was man so schafft … Alles, was ich will, ist, mit meinen Filmen die Menschen ein wenig glücklicher zu machen."

Alter kann befreien. Ich selbst empfinde es als Gnade, nicht mehr arbeiten zu *müssen*, sondern arbeiten zu *dürfen*. Ich habe meine Arbeitszeiten reduziert und pflege Raum- und Zeitinseln während des beruflichen Alltags. Ich liebe die Menschen, die zu mir ratsuchend, manchmal weinend, manchmal optimistisch, in die Sprechstunde kommen. Ich genieße ihre Menschlichkeit und lerne unendlich viel von ihnen. Danke, Ihr Lieben!

Bedeutet Alter zwangsläufig Krankheit und Hinfälligkeit? Das ist eine Frage, die uns Ältere alle bewegt. Ich habe dazu 1995 den damals 86-jährigen früheren Chefarzt und Immer-noch-Aktivisten Dr. Max Otto Bruker befragt. Der Ganzheitsarzt und lebenslange Verfechter gesunder Ernährung antwortete: „Bei gründlicher Betrachtung zeigt sich, dass die Ursache der Erkrankung nicht im Alter liegt, sondern in den Fehlern der Lebensführung. Je älter der Mensch wird, umso länger bestand für ihn auch die Möglichkeit, Fehler zu machen. Ist er ein Freund von Süßigkeiten, so wird er im Alter von fünfzig Jahren doppelt so viel Fabrikzucker verzehrt haben als mit fünfundzwanzig. Jedes Kind weiß schon, dass der Fabrikzucker Löcher in die Zähne frisst. Von Jahrzehnt zu Jahrzehnt werden also mehr Zähne betroffen sein, so dass viele Menschen bereits im Alter von fünfzig Jahren Zahnprothesen tragen müssen. Das hängt aber nicht mit dem Alter zusammen."

Tatsächlich werden jedoch, auch von Ärzten, zum Beispiel Erkrankungen des Bewegungsapparates wie Arthrose, Arthritis, Rheuma, Ischias und Bandscheibenschäden als „Verschleißkrankheiten" und damit als nicht vermeidbar bezeichnet. Ob das stimmt, wollte ich von Dr. Bruker wissen. Er antwortete: „Es handelt sich dabei ausnahmslos um ernährungsbedingte Zivilisationskrankheiten, bei denen der Verzehr von tierischem Eiweiß eine ausschlaggebende Rolle spielt. Dazu kommt der Verzehr von minderwertigen Fabrikzuckerarten, Auszugsmehlen und Produkten daraus. Es gibt keine Verschleißkrankheiten, wenn man darunter Abnutzung durch Gebrauch versteht. Dadurch, dass ein Mensch häufig ins Konzert geht, entsteht keine Abnutzung des Gehörs. Dadurch, dass er oft spazieren geht, werden die Füße nicht abgenutzt, so dass der Begriff an sich schon falsch ist. Bereits bei Kindern und Jugendlichen wird die Fehldiagnose ‚Verschleiß' gestellt. Da stimmt doch was nicht. Es handelt sich immer um die bereits erwähnten Erkrankungen im Bewegungsapparat, deren Ursache in der Fehlernährung zu suchen ist."

Was war das Lebensfazit des alten Arztes? Dr. Bruker: „Ich persönlich esse keine Auszugsmehle, keinen Fabrikzucker, keine Fabrikfette. Ich lasse keine Tiere für mich töten, um Wurst und Fleisch zu essen. Ich rauche nicht, trinke nur sehr, sehr selten Alkohol, ich trinke keinen Bohnenkaffee, keinen schwarzen Tee und übe mich – je länger, je lieber – in Gelassenheit. Letzter Punkt ist wichtig, denn es gibt mindestens genauso viel lebensbedingte Krankheiten." Dr. Bruker starb im 92. Lebensjahr.

Das deutsche Sprichwort bekundet: „Das Alter ist eine Krankheit, daran man sterben muss." Ist das Alter wirklich ein Spiel, wie der Schriftsteller Norman Mailer sagt, dass man nicht gewinnen kann? Der Schauspieler Heinz Rühmann (1902 – 1994) verblüffte sein Publikum mit dem intimen Bekenntnis: „Ich bin dem lieben Gott dankbar, dass er mich so alt werden ließ. Ich den letzten Jahren habe ich Dinge erlebt, die ich so nicht kannte."

Aufmüpfigkeit statt Anpassung, Energie statt Apathie, Mut statt Ängstlichkeit – das sind die Antriebskräfte eines glücklichen, weil gelebten Alters: Ich bin das, was ich – endlich – wage. Unglücklichsein heißt, sich in der lähmenden Gegenwart einzuzementieren. In den frühen 90er Jahren traf ich im Bremer Hauptbahnhof einen Rentner, der mir die Sammelbüchse der Bahnhofsmission entgegenhielt. Diese Episode kann ich bis heute nicht vergessen. Ich spendete und kam dadurch mit ihm ins Gespräch. Seine Pensionierung, so erzählte mir der ehrenamtliche Helfer, sei für ihn eine Katastrophe gewesen. Er hätte zu Hause gehockt, den Fernseher laufen lassen und sei seiner Frau auf die Nerven gefallen. Als ihn eine Mitarbeiterin der Bahnhofsmission ansprach, habe er sich spontan zur kostenlosen Mitarbeit entschlossen: „Ich arbeite hier vom frühen Morgen bis zum Mittag. Meine Arbeit wird gebraucht. Ich mag die Kolleginnen und meine ‚Stammkunden'. Es ist so interessant. Wenn ich die Not um mich herum erlebe, bin ich glücklich, wie gut es mir geht. Wenn ich heimkomme, habe ich etwas geschafft und kann meiner Frau viel erzählen."

Viele meiner Klienten im Pensionsalter engagieren sich in der Telefonseelsorge, als Grüne Damen, in der Hospizbetreuung, als freiwillige Handwerker in der Dorfverschönerung, in der kirchlichen Gemeindearbeit oder in Gruppen, Initiativen und Vereinen. Sie halten es mit Goethe. Der Dichter schlägt (in: *Sprüche*) eine *vita activa*, ein engagiertes, nach außen gerichtetes Leben als *die* Altersmedizin vor:

> *Soll Dich das Alter nicht verneinen,*
> *So musst Du's gut mit andern meinen;*
> *Musst viele fördern, manchem nützen,*
> *Das wird Dich vor Vernichtung schützen.*

Zeitflügel:
Engagement und Liebe

Nicht so vieles Federlesen! Lass mich immer nur herein:
Denn ich bin ein Mensch gewesen,
Und das heißt ein Kämpfer sein.

Goethe
West-Östlicher Diwan

Gute Zeit ist also erfüllte Zeit. Ein ausbalancierter Wechsel zwischen Tempo und Muße. Wenn man allerdings in die falsche Richtung läuft, hat es keinen Zweck, das Tempo zu erhöhen.

Als negativer Faktor kommt die „falsche" Einsamkeit hinzu. Vor allem im Alter, wenn Freunde und Partner sterben, vereinsamen viele Menschen. Das ist ein Risiko, auch für die Gesundheit. Das belegt auch eine Studie der Brigham-Young-University im US-Staat Utah aus dem Jahr 2010. Negative Einsamkeit macht krank. Sie ist genauso schädlich wie etwa Rauchen oder Fettsucht. Die Wissenschaftler dieser Universität analysierten 148 Studien zum Sterberisiko, die die Daten von insgesamt 300 000

Menschen vor allem in westlichen Ländern umfassten. Ihr Ergebnis: Menschen mit einem guten Freundes- und Bekanntenkreis hatten eine erheblich höhere Lebenserwartung als Menschen mit einem geringen sozialen Umfeld. Das Durchschnittsalter der Studienteilnehmer betrug 64 Jahre. Sie wurden im Schnitt über 7,5 Jahre beobachtet. Mehrere Studien hätten gezeigt, dass soziale Kontakte das Immunsystem stärken.

Wer viele Freunde und Bekannte hat, lebt also, zumindest der Statistik zufolge, länger. Wir kennen dieses Phänomen auch vom „Witwertod": Im ersten Jahr nach dem Tod der Ehefrau steigt die Sterblichkeit alter Männer drastisch. Allgemein erreichen verheiratete Männer und Frauen im Schnitt ein höheres Alter. Das wussten im Prinzip schon die Redakteure des Alten Testaments. Sie schrieben (*Kohelet*, 4/11): „Wenn zwei zusammen schlafen, wärmt einer den anderen; einer allein – wie soll er warm werden?"

Die positive Einsamkeit, also die Muße, öfters mit sich allein zu verweilen, ist hingegen eine Art Lebenselixier. Sie ist das Medium jeglicher Persönlichkeitsentwicklung. Auch wenn der Anlass oft schmerzhaft ist, gibt mir die Einsamkeit Raum zum Nachdenken. Viele Patientinnen haben mir schon gestanden, dass sie das „leere Nest" beim Auszug der Kinder in der Lebensmitte zwang, sich mit unausweichlichen Fragen über sich selbst und ihre Partnerschaft zu konfrontieren.

Künstlerinnen und Künstler, Denkerinnen und Denker brauchen auch Orte der Abgeschiedenheit, Ateliers, Dachstuben, Ferienhäuser. In der positiven Einsamkeit transzendiere, übersteige ich meinen gegenwärtigen Seinszustand. Ich sehe mich und die Welt aus einer *exzentrischen* Perspektive, von außen. Ich verliere mich nicht mehr in ihr. „Alles Große, das Menschen je geleistet", beobachtete der Dichter Peter Rosegger, „geht aus der Einsamkeit, aus der Vertiefung geistigen Schauens hervor". Ob Moses oder Buddha, ob Jesus oder Mohammed, oder der seelisch havarierte Pilot in der philosophischen Parabel *Der Kleine Prinz* – sie alle wagen im Rückzug der Einsamkeit die Begegnung mit sich selbst, um dann einen Neuaufbruch in die Welt zu wagen.

In der heutigen *Erlebnisgesellschaft* ist Einsamkeit wenig gefragt. Es sieht so aus, als ob wir sie fürchten. Wir lassen uns im Alltag rund um die Uhr von Radio, Fernsehen und Internet berieseln, beschallen und mit Bildern zustopfen. Zur Erholung verfolgen uns dann die Angebote der Freizeitindustrie und ihrer

Animateure bis in den letzten Urlaubswinkel. Dabei kommt uns das Ich abhanden.

Liebe ist erfüllte Zeit. Was aber hat Liebe mit Einsamkeit zu tun? Die Schauspielerin und Oscar-Preisträgerin Tilda Swinton meint dazu: (in: *Frankfurter Allgemeine Sonntagszeitung*, 24. 10. 2010): „Alles, die Akzeptanz der eigenen Einsamkeit ist die Voraussetzung, um einen anderen wirklich zu lieben. Wenn wir diese Einsamkeit jemandem zeigen, der sie wiederum sieht und akzeptiert, ohne uns davon abbringen zu wollen, und wenn der andere uns seine Einsamkeit zeigt – das birgt die Chance einer wirklich liebenden Beziehung." Die englische Schauspielerin hält die Einsamkeit für ein Existenzial, eine nicht zu leugnende Grundbefindlichkeit des Menschen: „Einsamkeit ist keine Option, sie ist Fakt. Wir sterben alle allein. Das wäre sonst wieder dieses romantische Ideal des Ein-Seins, das uns verkauft wird, als müssten wir nur den richtigen finden, um nie wieder allein zu sein. Ich halte das für Fiktion und für eine Verschwendung einer existenzialistischen Wahrheit. Es ist sehr gesund zu wissen, wie einsam wir sind."

Der Antipode der Einsamkeit ist das soziale Engagement, die Verbundenheit des Menschen mit anderen Menschen. Auch ohne sie kann er, streng genommen, physisch und psychisch gar nicht existieren.

Das Ich schuldet dem anderen Liebe und bildet sich gleichzeitig durch sie. Der Andere ist überall. Der Philosoph Seneca fand dafür ein schönes Bild: „Wir sind geboren, um gemeinsam zu leben. Und unsere Gemeinschaft ähnelt einem Gewölbe, in dem die Steine einander am Fallen hindern."

In dem überaus lesenswerten, von Marie-Luise von der Leyen herausgegebenen Gesprächsband *Lebenslinien*, das ich bereits mehrfach zitiert habe, findet sich dieses Engagement füreinander. Ich habe hier die Beispiele dreier außergewöhnlicher Persönlichkeiten ausgewählt. Da ist Karlheinz Böhm, der frühere Schauspieler („*Sissi*") und Äthiopien-Helfer mit seiner Stiftung *Menschen für Menschen*. Mit den gesammelten 250 Millionen Euro an Spenden (Stand 2011) hat seine Stiftung Brunnen gebohrt, Straßen, Siedlungen, drei Krankenhäuser und vierzig Krankenstationen gebaut, 132 Schulen gegründet, die afrikanischen Bauern mit Vieh und Traktoren ausgestattet, drei Landwirtschaftsschulen errichtet.

Karlheinz Böhm ist dabei selbst reich geworden – seelisch reich: „Die wichtigste Erfahrung, die ich Afrika verdanke, ist jedoch die, mich selbst und meine eigenen Probleme – in Anbetracht der Not, der man dort begegnet – weniger wichtig zu nehmen und das eigene Leben und die eigenen Bedürfnisse unter anderen Gesichtspunkten zu sehen." Böhm, inzwischen über achtzig Jahre, appelliert auch an uns Luxuspensionäre: „Wenn ich mir vorstelle, dass heute unendlich viele Rentner und Rentnerinnen nicht wissen, was sie mit ihrem immer längeren Leben anfangen sollen, dann halte ich das Pensionistentum, wie es sich bei uns entwickelt hat – nämlich dass Menschen einfach nur deshalb aufhören zu arbeiten, weil sie ein bestimmtes Alter erreicht haben – für eine ganz und gar trostlose Perspektive."

Die alte Primatenforscherin Jane Goodall engagiert sich, wie eine Barbara Rütting hierzulande, für den Tierschutz. Sie erinnert sich: „Ein viertel Jahrhundert lang hatte ich die Schimpansen analysiert, jetzt sah ich plötzlich, dass ich ihnen helfen konnte. Und nicht nur ihnen: Ich hatte plötzlich verstanden, dass wir trotz unseres hochentwickelten Geistes unsere Verantwortung für andere Lebewesen und ihre Umwelt, unsere gemeinsame Erde, vernachlässigen und im Begriff sind, durch unser gedankenloses Verhalten die Welt zu zerstören."

Die Botschafterin für Tier- und Umweltschutz erreicht damit auch Jugendliche und motiviert sie: „Die junge Generation heute hat sehr hohe Ansprüche. Sie hält die komfortable Ausstattung des Lebens – mit Autos, Computern, Fernsehern und

Spülmaschinen – für selbstverständlich und den Anspruch darauf für ihr gutes Recht. Dennoch sind viele junge Leute keineswegs glücklich, sondern antriebslos und deprimiert. Das habe ich auf meinen Reisen immer wieder festgestellt. Aber man kann etwas tun, um die Dinge zu ändern. Genau das ist der Grundgedanke, weshalb sich mehr als 200 000 Schüler und Studenten in meiner Organisation *Roots and Shoots* zu mehr als 8500 Gruppen in über 90 Ländern der Welt zusammengeschlossen haben. In ihren Heimatgemeinden leisten sie ehrenamtliche Hilfe im Tier- und Umweltschutz, wobei auch die Haustiere mit eingeschlossen sind." Jane Goodall ist aktiv, statt im Witwendasein zu versauern.

Juliette Gréco ist der Dienst an anderen ein Grundanliegen ihres Lebens: „Ich hatte keinerlei Selbstvertrauen, war voller Unsicherheit und auf der Suche nach dem Sinn des Lebens. Ich bin dann in die Kommunistische Partei eingetreten und habe auf einem Pariser Schulhof sogar Schießen gelernt. Dabei hatte ich weniger konkrete politische Ziele als vielmehr die Sehnsucht, zu einer klassenlosen Gesellschaft beitragen zu können. Ich wollte mich in ihren Dienst stellen. Ich hatte schon immer einen sehr ausgeprägten Sinn für Gerechtigkeit und habe es bereits als kleines Mädchen als absolutes Unrecht empfunden, dass meine feine, reiche Großmutter ihre Angestellten wie Sklaven behandelte und sie vor die Tür setzte, wann es ihr gefiel. Ich wollte mich für unsere Ideale einsetzen, wollte helfen, wollte dienen." Es war eine Utopie, aber sie enthielt eine Stoßkraft bis heute: „Übriggeblieben ist mein Wunsch zu dienen. Ich habe auch in meiner Arbeit keinen anderen: Es geht mir nicht um mich, sondern darum, Gedanken und Worte, die sonst in Büchern verschlossen bleiben würden, ans Licht und mittels der Musik unter die Leute zu bringen."

Engagement ist Liebe – Liebe ist Engagement. So formuliert es auch der katholische Theologe und Kirchenkritiker Hans Küng in seinem Werk *Projekt Weltethos* (1990): „Grundsätzlich muss betont werden, dass dem Menschen als Vernunftwesen eine wirkliche menschliche Autonomie zukommt, die ihn auch ohne Gottesglauben ein Grundvertrauen in die Wirklichkeit realisieren und seine Verantwortung in der Welt wahrnehmen lässt: Seine Selbstverantwortung und Weltverantwortung." Und: „Die Weltprobleme – die politischen, sozialen, ökologischen und individuellen – haben durch die rasante wissenschaftlich-technologisch-industrielle Entwicklung eine derartige Komplexität und Dringlichkeit angenommen, dass sie nur in Zusammenarbeit der verschiedenen gesellschaftlichen Gruppierungen, der religiösen wie der nichtreligiösen, bewältigt werden können. Ein gemeinsames Ethos ist dafür grundlegend."

Durch kämpferische Teilhabe an der Welt, sei es gegen Atomkraftwerke, Umweltverschmutzung oder Klimakatastrophe, bleiben wir lebendig und unser Leben sinnvoll. Das meint auch der Arzt, Theologe, Musiker und Humanist Albert Schweitzer in seinem Text *Wie bleibt man jung?*:

> *Jugend ist nicht ein Lebensabschnitt –*
> *Sie ist ein Geisteszustand.*
> *Sie ist Schwung des Willens,*
> *Regsamkeit der Phantasie,*
> *Stärke der Gefühle,*
> *Sieg des Mutes über Feigheit,*
> *Triumph der Abenteuerlust*
> *über die Trägheit.*
> *Niemand wird alt,*
> *weil er eine Anzahl Jahre*
> *hinter sich gebracht hat.*
> *Man wird nur alt,*
> *wenn man seinen Idealen Lebewohl sagt.*
> *Mit den Jahren runzelt die Haut,*
> *mit Verzicht auf Begeisterung aber runzelt die Seele.*
> *Du bist so jung wie deine Zuversicht,*
> *so alt wie deine Zweifel.*
> *So jung wie dein Selbstvertrauen,*

so alt wie deine Furcht.
So jung wie deine Hoffnungen,
so alt wie deine Verzagtheit.
Solange die Botschaften der Schönheit,
Freude, Kühnheit, Größe
Dein Herz erreichen, solange bist du jung.

Engagement und Liebe beflügeln umso stärker unsere Lebenszeit, je mehr sie verrinnt. Die Liebe ist im Wortsinn eine Medizin. Der Arzt und Redakteur der *Deutschen Zeitung,* Werner Bartens, rückt diesen Zusammenhang von Liebe und Gesundheit in seinem Buch *Körperglück. Wie gute Gefühle gesund machen* (München 2010) wissenschaftlich ins Bild. Kardiologen konnten zeigen, so erläutert er, dass beispielsweise die zärtliche Begrüßung durch den Partner den Blutdruck senkt. Frühgeborene im Brutkasten sind gefährdet, wenn sie nur medizinische, statt menschliche Zuwendung durch Streicheln und Gehaltenwerden erfahren. Kinder, die noch nicht sagen können, was ihnen fehlt, fordern auf der Symbolebene, das heißt psychosomatisch durch *psychisches Bauchweh* oder *Pseudokrupp* elterliche Liebe ein.

Wie mangelnde Liebe, familiäre und berufliche Probleme einen dem Herzinfarkt ähnlichen Zusammenbruch herbeiführen können, zeigt der medizinische Autor an der Störung *Broken Heart Syndrom,* dem *Gebrochenen Herzen*. Bartens: „Auslöser für die bedrohliche Lage ist aber nicht, wie typischerweise beim Infarkt, ein Blutgerinnsel, das die Koronararterien verstopft, oder eine Herzrhythmusstörung, sondern seelische Überlastung. In den bisherigen Schilderungen in der Fachliteratur wird fast immer ein erschreckendes oder traumatisches Ereignis erwähnt, das dem Infarkt vorausgegangen ist. Die Patienten erlebten, vor dem Infarkt, emotionale oder auch körperliche Belastungen – häusliche Auseinandersetzungen, schlechte Nachrichten über ein Familienmitglied, finanzielle Sorgen oder die Diagnose einer schweren Erkrankung."

Umgekehrt heilt die Liebe. In einer Untersuchung wurden Männer gefragt: „Zeigt Ihnen Ihre Frau, dass sie Sie liebt?" Werner Bartens: „Von den Männern, die auf diese Frage erfreut mit ‚Ja' antworten konnten, hatten nur halb so viele Herzbeschwerden und Infarkte, im Vergleich zu jenen, die bedauerlicherweise nicht das Gefühl hatten, dass ihre Frau sie liebe. … Ein ähnlicher Zusammenhang ließ sich auch beim Zwölffingerdarmgeschwür zeigen. Forscher aus Cleveland untersuchten mehr als 8000 Männer und legten besonderes Augenmerk auf jene, die dem Satz zustimmen konnten: ‚Meine Frau liebt mich nicht.' Wer nicht von seiner Gattin geliebt wurde, entwickelte deutlich häufiger die lästigen Geschwüre." Und: „So ist etwa von Frauen bekannt, dass ihre Überlebenschancen mit Brustkrebs höher sind, wenn sie emotionalen Rückhalt durch ihren Partner verspüren. Hatten Frauen mit dem Tumor hingegen das Gefühl, dass sie zu wenig Liebe erfuhren, starben doppelt so viele von ihnen im Vergleich zu jenen, die sich aufgehoben und geliebt fühlten."

Liebe oder Vernachlässigung – sie sind die positiven oder die negativen Antriebskräfte unseres Lebens. Das gilt bereits für die höher organisierten Tiere. Jane Goodall berichtet (in: *Lebenslinien*) über die Bedeutung der Sozialstrukturen bei den Schimpansen Folgendes: „Ich erfuhr, dass es unter ihnen außerordentlich liebevolle Mütter gab, die ihre Kinder gut versorgten, sie beschützten und mit ihnen spielten, und dass es die Sprösslinge solcher Mütter waren, die später die Führung der Gemeinschaft übernahmen – anders als die Kinder unsicherer und nervöser Mütter mit indifferentem Verhalten, die es niemals bis zur Spitze brachten … Die Schimpansenmütter waren meine Lehrmeisterinnen in der späteren Beziehung zu meinem Sohn." Und: „Ich beobachtete unverbrüchliche Familienbande unter Müttern und ihren Kindern, die sich in lebenslange Freundschaften mit ihren erwachsenen Kindern verwandelten. Ich erlebte enge Beziehungen unter Geschwistern wie ‚Männerfreundschaften' unter männlichen Schimpansen. Ich erkannte viele menschliche Gesten wie Küssen, Händehalten, Umarmen oder Schulterklopfen."

Liebe heißt, Zeit füreinander zu haben. In jungen Jahren hat das Paar viele Gemeinsamkeiten, die stark verbindend wirken, vor allem die Lebensplanung, die Sexualität und die Kinder. Sind die Kinder erwachsen, berufliche Herausforderungen gemeistert, das Haus abbezahlt, müssen wir bereits im mittleren Alter nach neuen gemeinsamen Projekten suchen – wenn nicht der Fernseher oder der Computer zu Ersatzpartnern werden sollen. Die Gefahr der Sprachlosigkeit und Zeitvergeudung ist groß. Soziales Engagement, das Pflegen von Freundschaften, das Erlebnis von Spiritualität können eine Vertiefung der Paarbeziehung bewirken.

Die Bewusstwerdung der eigenen Sterblichkeit und das Erleben der Zerbrechlichkeit des Partners und des eigenen Körpers können, statt zu Erstarrung, Verzweiflung und Zynismus zu verleiten, das alte Paar zur nie zuvor erlebten Verdichtung einer schützenden Liebe führen. Das habe ich mit Arthur (Name geändert) erlebt. Wir haben uns durch seine Altersdepression durchgearbeitet. Arthur, 74 klagte: „Ich bin impotent. Ich sehe auch in meinem Leben keinen Sinn mehr. Am liebsten würde ich Schluss machen."

Was war passiert? Arthur, jahrzehntelang als Pro-
kurist angestellt in einer Speditionsfirma, war erst
mit achtundsechzig Jahren aus dem Familienun-
ternehmen ausgestiegen und in Rente gegangen. Er
hatte sich dort wohlgefühlt. Er war wegen seiner
Leistungen geschätzt und materiell wie ideell hono-
riert worden. Über Nacht wurde er im zweifachen
Sinn des Wortes impotent. Durch eine Operation seines Prostatakrebses verlor er seine Erektionsfähig-
keit. Mental verlor der Ruheständler seine schöpferische Potenz. Er hatte keine neuen Projekte, weder
Hobbys noch Leidenschaften. „Mein Leben", klagte
Arthur, „ist langweilig".

Als Erstes bearbeiteten wir Arthurs Problem mit der
Sexualität. Das ist ein Dilemma vieler älterer Männer, wenn ihre genitale Potenz wegfällt. Meist reagieren sie darauf falsch und verstört: Sie brechen jeg-
liche Sexualität mit ihrer Frau ab. Diese hat dann das
Nachsehen. Was tun? Männer dürfen endlich lernen,
dass Sexualität nicht nur aus dem Geschlechtsakt
besteht, sondern dass Lust auch durch bloße Berüh-
rung, orale Befriedigung und vielfältige Formen der
erotischen Massage und Eigensexualität zu gewinnen ist! Arthur verstand.

Wohl die größte sexuelle Entdeckung des Alters ist
die Zärtlichkeit. Man(n) spürt plötzlich: „Ich kann

ohne Sexualität leben, aber nicht ohne Zärtlichkeit." Zärtlichkeit ist das Eingeständnis der eigenen Zerbrechlichkeit und Bedürftigkeit gegenüber dem Anderen. Sie ist Trost angesichts der Melancholie über unsere Endlichkeit und den näher rückenden Tod. Aus der frühen „Sexualität der Lust" wird im Alter, nach Jürg Willi, die „Sexualität der Zugehörigkeit".

Nun widmeten Arthur und ich uns dem Thema seiner existenziellen Sinnlosigkeit. Was könnte sein neues Lebensprojekt sein, fragten wir uns. Was war seine männliche Entwicklungsaufgabe? Wir wurden nicht so recht fündig. Scheinbar vergebens zitierte ich Arthur ein Diktum des von mir geschätzten Dichters und früheren KZ-Buchenwald-Häftlings Ernst Wiechert: „Am Abend eines Lebens werden die großen und wichtigen Dinge klarer, so wie in der Landschaft die Linien klarer werden. Unsere Waage wird zuverlässiger und gerechter, und sie wird auch milder. Und milder wird auch die Trauer um die große Erkenntnis, dass wir aufhören müssen, Mensch zu sein, gerade in dem Augenblick, in dem wir begonnen haben, es zu werden."

Einige Sitzungen verliefen ergebnislos. Ich begann, langsam ungeduldig zu werden. Ich vertraute wohl dem Prozess des Unbewussten und der schöpferischen Plastizität des Menschen Arthur nicht. Dann kam er eines Tages mit leuchtendem Gesicht. „Ich habe", sagte er, „ein neues Projekt gefunden". Ich dachte zunächst an ein ehrenamtliches Engagement, vielleicht als Rechnungsprüfer einer gemeinnützigen Vereinigung oder einer Stiftung. Etwas Ähnliches hatte ich mit einem Patienten erlebt, der über Nacht seine Rentenneurose und Sinnkrise dadurch überwand, dass er als Ingenieur seine Kräfte unentgeltlich einem Wasserprojekt in der südlichen Sahelzone zur Verfügung stellte.

Doch weit gefehlt, Arthur wandelte auf einem ganz neuen Weg in das Finale seines Lebens. Er sagte: „Meine Frau ist mein neues Projekt. Ich habe meine tiefe Freude an ihr und meine Zärtlichkeit mit ihr entdeckt. Deine „Fünfundsiebzig-Minuten-Formel" hat mir geholfen: Wir gönnen uns jetzt wöchentlich ein sechzigminütiges Zwiegespräch, täglich zehn Minuten Austausch und fünf Minuten Körperkontakt als Minimum. Wir haben uns noch nie so viel geküsst, an den Händen gehalten, uns umarmt und etwas Schönes gesagt wie jetzt. Wir sind fröhlich und verspielt wie in unserem Liebesfrühling. Wir albern und schmusen viel. Neulich sind wir in unserem abgeschirmten Garten nackt und Hand in Hand durch das taufrische Gras gelaufen." Arthur überwand den Altersschmerz – durch die Liebe zu sich, zu seiner Frau und zum Leben.

Wenn das Altern und das Alter uns Zeitflügel auf den Rücken schnallen sollen, dann gilt es, aus unserer „falschen" Einsamkeit, der falschen Selbstbescheidung und Mutlosigkeit herauszutreten und ein selbstbewusstes, begeisterungsfähiges Ich voller „Lebensfrömmigkeit" (Thomas Mann) zu gebären. Wer diesen neuen Morgenflug mit kühnen Worten beschreibt, ist die Schwedin Lena Malmgrin in ihrem Frauengebet. Es lautet:

Ich bekenne, dass ich keinen Glauben an meine
  Möglichkeiten gehabt habe.
Dass ich in Gedanken, Worten und Taten Verachtung
  für mich und mein Können gezeigt habe.

Ich habe mich selbst nicht gleichviel geliebt wie die
  anderen,
nicht meinen Körper, nicht mein Aussehen, nicht meine
  Talente,
nicht meine eigene Art zu sein.

Ich habe andere mein Leben steuern lassen.
Ich habe mich verachten und vielleicht sogar
  misshandeln lassen.
Ich habe mehr auf das Urteil anderer vertraut als auf
  mein eigenes.
Ich habe zugelassen, dass andere respektlos und
  abwertend mir
gegenüber waren ohne ihnen Einhalt zu gebieten.

Ich bekenne, dass ich mich nicht im Maße meiner vollen
Fähigkeiten entwickelt habe.
Dass ich feige gewesen bin, um in einer gerechten Sache
Streit zu wagen.
Dass ich mich gewunden habe, um Auseinander-
setzungen zu vermeiden.
Ich bekenne, dass ich nicht gewagt habe, zu zeigen,
wie tüchtig und wie stark ich bin.
Dass ich nicht gewagt habe, so zu sein, wie ich wirklich
bin.

Wenn ich um etwas bitte, dann um das:

Vergib mir meine Selbstverachtung, richte mich auf,
gib mir Glauben an mich selbst und Liebe zu mir selbst.

Der Tod:
Zeitende und Stille

Die Zeit, die ist ein sonderbar Ding.
Wenn man so hinlebt, ist sie rein gar nichts.
Aber dann auf einmal,
da spürt man nichts als sie.
Sie ist um uns herum, sie ist auch in uns drinnen.
In den Gesichtern rieselt sie, im Spiegel da rieselt sie.
In meinen Schläfen, da fließt sie.
Und zwischen dir und mir da fließt sie wieder.
Lautlos wie eine Sanduhr.
O Quinquin!
Manchmal hör ich sie fließen – unaufhaltsam.
Manchmal steh ich auf mitten in der Nacht
Und lasse die Uhren alle, alle stehn.

Hugo von Hofmannsthal
Der Rosenkavalier (1911)
Arie der Marschallin

Der Tod ist nicht nur *vor* uns, sondern auch *hinter* uns. Alles was wir bereits gelebt haben, ist tot. Seneca definiert in seinen Briefen an Lucilius den Tod nicht als bloßen Schlusspunkt und als etwas vor uns Liegendes, sondern als einen *Basso continuo*, als düstere

Grundmelodie unseres Lebens: „Wen kannst Du mir nennen, der einigen Wert auf die Zeit legt, der den Tag schätzt, der einsieht, dass er täglich stirbt? Denn darin irren wir, dass wir den Tod nur als etwas Zukünftiges erwarten: Er ist zum großen Teile schon vorüber; alles, was von unserem Lebensalter hinter uns liegt, hält der Tod in Händen." So spürt es auch mit katzenhaft schleichender Beunruhigung die vierzigjährige Marschallin gegenüber ihrem jungen Geliebten Quinquin im *Rosenkavalier*. Ihr unbesiegbarer Feind ist, wie die oben zitierte Arie zeigt, die Zeit – der Tod der jugendlichen weiblichen Schönheit auf Raten. Richard Strauß schuf dazu die unvergessliche Musik.

Ernest Becker urteilt in seinem Fundamentalwerk *Die Überwindung der Todesfurcht* (Gütersloh 1976): „Der Gedanke an den Tod, die Furcht vor ihm, verfolgt das Tier Mensch wie nichts sonst; er ist eine der Triebfedern menschlichen Handelns, eines Handelns, das hauptsächlich ausgerichtet ist, dem Schicksal des Todes zu entgehen oder es zu besiegen, indem wir leugnen, dass es unser aller gültiges Schicksal ist."

Muss das so sein? Lassen wir uns auch hier wieder von zwei außerordentlichen Denkern geistig führen, Seneca und Montaigne. Der Tod ist ein *factum brutum*, eine harte und unumgängliche Tatsache. Allerdings, so gibt der römische Philosoph zu bedenken, sind wir nicht ganz ohne Einfluss auf den früheren oder späteren Zeitpunkt und die Weise unseres Sterbens. Seneca war ein Leben lang medizinisch interessiert und befleißigte sich der *díaita*, also einer im ganzheitlichen Sinne diätetischen, *gesunden Lebensführung*. Wenn ein Ganzheitsarzt wie Dr. Max Otto Bruker achtzig Prozent der Erkrankungen auf falsche Ernährung zurückführt, so formulierte Seneca diesen Sachverhalt auf dem Wissensstand seiner Zeit kompromisslos an die Adresse der dekadenten römischen Oberschicht: „Seitdem man Speisen nicht mehr zu sich nahm, um den Hunger zu stillen, sondern um den Appetit zu reizen, und man tausend verschiedene Rezepte erfand, um die Esslust anzuregen, wurde die Nahrung, einst ein Mittel gegen den Hunger, zur Belastung der Übersättigten. Daher die Blässe, das Zittern der Muskeln infolge übermäßigen Weingenusses, daher die erbarmungswürdige Magerkeit, als Folge eher von Magenverstimmung als von Hunger; daher der unsicher schwankende Gang und das ständige Torkeln, ganz wie bei der eigentlichen Trunkenheit; daher die überall aufgeschwemmte Haut und die Erweiterung des Magens, der sich kaum daran gewöhnen kann, mehr aufzunehmen, als er vermag; daher der vermehrte Fluss gelber Galle, das verfärb-

Ein Verlag, ein Haus, eine Philosophie

☐ Sie möchten weitere Bücher aus dem emu-Verlag kennenlernen – wir schicken Ihnen unser Verlagsprogramm.

☐ Sie sind interessiert an der Ausbildung ärztlich geprüfte(r) Gesundheitsberater/in GGB – wir senden Ihnen das Lehrprogramm zu.

☐ Sie sind interessiert an unseren Frauen- oder Männer-Selbsterfahrungsgruppen – Sie erhalten das Programm und die Termine unserer Therapeuten.

☐ Sie wollen sich über Gesundheitsfragen und Vollwerternährung informieren – fördern Sie ein Probe-Exemplar des industrieunabhängigen Monatsmagazins »Der Gesundheitsberater« an.

(kreuzen Sie Ihren Wunsch an)

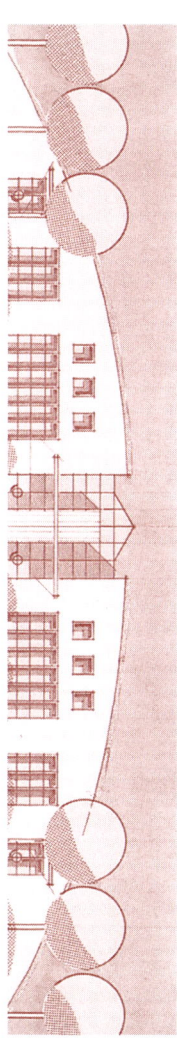

emu Verlags- und
Vertriebs-GmbH
Dr.-M.-O.-Bruker-Haus
Dr.-Max-Otto-Bruker-Str. 3
56112 Lahnstein

Bitte in deutlichen Druckbuchstaben!

Absender:

te Gesicht, das innerliche Verfaulen, die dürren Finger mit den gichtstarren Gelenken, die Lähmung gefühllos gewordener Nerven oder ihr unablässiges Vibrieren und Zucken. Was soll ich noch reden vom Schwindel im Kopf? Von den Qualen der Augen und Ohren, vom heftig schmerzenden Stechen des Hirns, von den inneren Geschwüren, die sämtliche Körperöffnungen befallen? ... Was soll ich noch unzählige andere Krankheiten anführen, mit denen wir für unsere Völlerei büßen? ... Erst die Vielzahl der Gerichte zog eine Vielzahl von Krankheiten nach sich ... Daher entsprechen unsere neuen Erkrankungen unserer neuen Art der Lebensführung."

Der Asthmatiker Seneca schöpft aus seinen eigenen langjährigen Todeserfahrungen. Er habe sich, so schreibt er Lucilius, angesichts seiner zahllosen Erstickungsanfälle gefragt: „Will mich der Tod des Öfteren prüfen?" Seneca: „Das aber kann ich Dir versprechen, ich werde vor dem Tod nicht zittern; ich bin schon auf ihn vorbereitet und rechne am Morgen nicht mehr damit, noch den ganzen Tag zu erleben." Man darf den Tod nicht leugnen, sondern soll ihm klar ins Auge schauen. Das meint zweitausend Jahre später auch der Soziologe Norbert Elias, dessen jüdische Mutter durch das Zyklon B der Nazi-Gaskammermörder getötet wurde: „Vielleicht sollte man doch offener und klarer über den Tod sprechen, sei es auch dadurch, dass man aufhört, ihn als Geheimnis hinzustellen. Der Tod verbirgt kein Geheimnis. Er ist das Ende eines Menschen. Was von ihm überlebt ist das, was er anderen Menschen gegeben hat, was in ihrer Erinnerung bleibt." Albert Schweitzer formuliert es ähnlich: „Das einzig Wichtige im Leben sind die Spuren der Liebe, die wir hinterlassen, wenn wir gehen."

Alles Lebende wird zur Asche werden, alles Geliebte vergehen. Der Tod ist das Gesetz des Lebens. Eugen Drewermann fasst das (in: *Ich steige hinab in die Barke der Sonne*) so in Worte: „Bereits im Augenblick der Zeugung eines Lebenswesens beginnt die Uhr des Todes abzulaufen, und meist, noch ehe sie ihr Ziel erreicht, bringt ein beliebiger Zufall, wie von außen kommend, sie zum Stehen. Ein Weniges genügt: Ein Blutgerinnsel, eine Öllache, ein Stolpern auf der Treppe. Eine Herz-Rhythmus-Störung. Viele Millionen von Krankheitskeimen vermag der menschliche Körper abzuwehren, gegen das Programm des Todes in seinem eigenen Innern ist er machtlos. Dieses Programm ist er selber. Die angemessene Haltung gegenüber dem Tod scheint der Gehorsam: Mit der Stummheit der Tiere zu gehen, wenn er uns ruft."

Der Tod ist unser privates Zeitende, der Erdball aber dreht sich weiter gleichmütig um die Sonne. Es kommt die Große Stille über mich als Individuum. Montaigne fordert uns auf, den Tod ohne Furcht zu „schmecken". Wir kommen aus dem Nichtssein und wir kehren in das Nichtssein zurück. Montaigne (in: *Essays*): „Es ist ebenso unsinnig, darüber zu weinen, dass wir in hundert Jahren nicht mehr leben werden, wie darüber, dass wir vor hundert Jahren noch nicht gelebt haben. Wie auch immer – die Natur zwingt uns zu sterben. Verlass diese Welt, sagt sie, wie ihr in sie eingetreten seid. Denselben Weg, den ihr ohne Furcht und Schrecken vom Tod zum Leben gegangen seid, geht ihn zurück nun vom Leben zum Tod! Euer Tod ist ein Teil der Ordnung des Alls, er ist ein Teil des Lebens der Welt ... Mit dem Tag eurer Geburt brecht ihr auf, zu sterben wie zu leben."

Montaigne, der Aristokrat und Genussmensch, argumentiert nach der Art eines lebensfrohen Gastwirtes: „Habt Ihr Euer Leben genutzt, seid Ihr doch vollauf gesättigt – also trollt Euch zufrieden davon. Warum, wenn Du Dein Lebensmahl genossen hast, willst Du nicht scheiden wie ein satt-vergnügter Gast? Macht also anderen Platz, wie andere Euch Platz gemacht haben!" Ähnlich wie Seneca bilanziert Montaigne: „Die Nützlichkeit des Lebens liegt nicht in der Länge, sondern liegt im Gebrauch: Mancher hat lange gelebt, der wenig gelebt hat. Geht deshalb achtsam mit dem Leben um, solange Ihr da seid. Ob Ihr genug gelebt habt, hängt von Eurem Willen ab, nicht von der Zahl der Jahre."

Montaigne vertritt eine sanfte Thanatologie, eine versöhnliche Todes- und Sterbelehre im Gegensatz zu den Jahrtausende alten kirchlichen Angstinstanzen „Hölle" und „Jüngstes Gericht". Weniger der Tod an sich, als vielmehr unser hilfloser Umgang mit ihm macht ihn, nach Montaigne zum Schrecken: „Ich glaube, dass in Wirklichkeit die Leichenbittermienen und schauerlichen Veranstaltungen, mit denen wir den Tod umgeben, uns mehr Angst einjagen denn er selbst: ein völlig anderes Verhalten der Menschen als sonst, das Geschrei der Mütter, Ehefrauen und Kinder, der Besuch bestürzter und erschütterter Verwandter und Bekannter, ... ein Zimmer ohne Tageslicht, brennende Kerzen, das Bett von Ärzten und Priestern belagert – kurz, um uns herum nur Graus und Schrecken. So sehen wir uns schon begraben und zugeschaufelt." Nietzsche rügt (in *Der Wille zur Macht*) später mit ähnlichen Worten: „Der Tod ist verdorben durch den Missbrauch, den die Kirche damit getrieben hat." Er nennt diese Priester beißend die „Funktionäre des Todes".

Natürlich gibt es auch den sinnlosen und unverständlichen Tod – den Krebstod einer jungen Mutter, den Unfalltod eines fünfzigjährigen Familienvaters, den Suizid aus Verzweiflung. Diese Tode weisen uns unerbittlich auf die Grausamkeit des Lebens hin. Vergessen wir keinen Augenblick: Das Leben ist schön *und* grausam. Insgesamt gilt es jedoch, den Tod, unseren Tod, wahrzunehmen und aus diesem Schlusspunkt heraus Handeln und Lebenssinn zu generieren. Montaigne: „Es ist ungewiss, wo der Tod uns erwartet – erwarten wir ihn überall! Das Vorbedenken des Todes ist Vorbedenken der Freiheit. Wer Sterben gelernt hat, hat das Dienen verlernt. Sterben zu wissen entlässt uns aus jedem Joch und Zwang. Das Leben hat kein Übel mehr für den, der recht begriffen hat, dass der Verlust des Lebens kein Übel ist."

Dürfen wir den Tod nicht auch als Erlösung sehen? Albert Einstein meint in seiner Schrift *Über den Frieden*: „Der Tod eines vom Alter Gebeugten ist eine Erlösung für ihn; ich kann es lebhaft fühlen, weil ich selber alt geworden bin, und den Tod empfinde ich wie eine alte Schuld, die man endlich entrichtet." In diesem Sinn gibt mir persönlich immer ein ergreifendes Gedicht von Hermann Hesse Trost. Hier ist es:

Bruder Tod

Auch zu mir kommst Du einmal,
Du vergisst mich nicht,
Und zu Ende ist die Qual,
und die Kette bricht.

Noch erscheinst Du fremd und fern,
Lieber Bruder Tod,
Stehest als ein kühler Stern
Über meiner Not.

Aber einmal wirst Du nah
Und voll Flammen sein –
Komm, Geliebter,
Nimm mich, ich bin Dein.

Wir erfahren es immer wieder, fassungslos und voller Schmerz – aus dem Zug des Lebens steigen unaufhörlich geliebte Mitreisende aus. Für immer. Was wäre daraus zu lernen? Der vorsokratische Philosoph Epikur (341 – 270 v. Chr.) rät uns (in: *Sprüche*): „Wir sind einmal geboren; es gibt keine zweite Geburt. Wir werden nach unserem Tode nicht mehr existieren – in alle Ewigkeit nicht. Und doch achtet Ihr nicht auf das Einzige, was Ihr habt: diese Stunde, die ist. Als ob Ihr Macht hättet über den morgigen Tag! Unser Leben wird ruiniert, weil wir es immer aufschieben – zu leben. So sinken wir ins Grab, ohne unser Dasein recht gespürt zu haben." Und: „Befreien muss man sich aus dem Gefängnis der Alltagsgeschäfte."

Spiritualität ist die beste Propädeutik, gleichsam die Vorschule zum Tod. Spiritualität kann, muss aber nicht religiös imprägniert sein. Sie bedeutet (von lat. *spiritus, der Geist*) das geistige Erlebnis von Einheit. Diese mich tragende Einheit kann die Natur sein, die Verbundenheit mit den großen Geistern der Antike, des Mittelalters und der Moderne, Einssein mit geliebten Menschen, besonders den Kindern und Kindeskindern, Einssein im schöpferischen Prozess, Einssein im „interesselosen Wohlgefallen" (Kant) an der Kunst, Einssein in der Liebe, Einssein mit den guten, verstorbenen oder lebenden Menschen – Einssein in der Dankbarkeit.

Einer meiner geistigen Lehrväter, der Arzt und Humanist Dr. Max Otto Bruker fühlte diese spirituelle Einheit in der Natur, wenn er im Garten Unkraut jätete, Pflanzen setzte oder in seinem italienischen Domizil die wohlriechenden Lorbeerblätter von den Zweigen abzupfte. Er lächelte zustimmend, als ich ihm Montaignes fröhlichen Todeswunsch vorlas: „Ich will, dass der Tod mich beim Kohlpflanzen antreffe – aber derart, dass ich mich we-

der über ihn noch über meinen unfertigen Garten
gräme."

Als der Emigrant Stefan Zweig am 22. Februar 1942
in Brasilien mit seiner zweiten Frau Lotte in den gemeinsamen Freitod ging, hinterließ er ein Gedicht,
das Leben und Todesausblick des Alternden in ein
mildes Licht der Versöhnung taucht:

> *Linder schwebt der Stunden Reigen*
> *Über schon ergrautem Haar,*
> *Denn erst an des Bechers Neige*
> *Wird der Grund, der gold'ne klar.*

> *Vorgefühl des nahen Nachtens*
> *Es verstört nicht – es erschwert!*
> *Reine Lust des Weltbetrachtens*
> *Kennt nur, wer nichts mehr begehrt,*

> *Nicht mehr fragt, was er erreichte,*
> *Nicht mehr klagt, was er gemisst,*
> *Und dem Altern nur der leichte*
> *Anfang seines Abschieds ist.*

> *Niemals glänzt der Ausblick freier*
> *Als im Glast des Scheidelichts,*
> *Nie liebt man das Leben treuer*
> *Als im Schatten des Verzichts.*

„Ich eile, also bin ich" – dieses Motto der Beschleunigung kann angesichts des näher rückenden Todes nicht mehr gelten. Ich habe mich gefragt, wie stellen sich bekannte Zeitgenossen ihr Zeitende und den Anbruch der großen Stille vor. Ich wurde in dem von Till Weishaupt herausgegebenen Buch *Meine letzten 24 Stunden. Bekenntnisse* (Gütersloh 2010) fündig. Die Nobelpreisträgerin Elfriede Jelinek gesteht: „Ganz sicher draußen ein paar Hunde streicheln, so viele ich erwischen kann, also diejenigen, die sich fangen und kurz festhalten ließen … Ich würde versuchen, meine letzte Arbeit zu beenden, die ich noch am Schreibtisch habe. Damit ich das gute Gefühl noch einmal hätte, etwas fertiggemacht zu haben."

Demgegenüber bekennt der Liedermacher Reinhard Mey: „Ich habe nichts versäumt, habe alles mitgeteilt, konnte den Lauf des Lebens annehmen, Abschied nehmen. Meiner Frau Hella und mir geht es gut, wir sind mit uns im Reinen, haben unser Haus bestellt. Bevor das Licht erlischt und wir uns Seite an Seite niederlegen, werden wir im Garten hinter dem Haus noch ein Apfelbäumchen pflanzen. Gott? Am Ende glaube ich nur an die Liebe, die Kraft der Liebe."

Renate Künast, Politikerin der GRÜNEN, versteht sich als einen Partikel im universalen Prozess des

Werdens und Sterbens: „Geh aus, mein Herz, und suche Freud" sowie das Violinkonzert von Beethoven sind ihre letzte Musik: „Beten werde ich nicht. Ich bin aus der evangelischen Kirche ausgetreten. Es wird vielleicht ein höheres Wesen geben. Aber Gott? Was ist der Sinn des Lebens? Es gibt keinen höheren, übergeordneten Sinn. Die Frage ist vielmehr: Was mache ich aus meiner Zeit hier und heute? Leben und respektvolle Existenz sind selbst der Sinn." Schließlich: „Ich habe keine Angst vor dem Tod, ich fühle mich als Teil der Natur, als Teil des Ganzen. So heißt dann auch das Buch meines Lebens ‚Ein Teil'. Nach meinem Tod werde ich schlicht und einfach Teil der Natur sein und in der Natur aufgehen."

Zwei besonders ergreifende Schilderungen über den würdigen Tod ihrer Partner gaben mir zwei Klienten in meiner Praxis. Katja, 71, gelernte Musikpädagogin, erlebte den Krebstod ihres Mannes Erhard (beide Namen geändert) als ein Decrescendo, ein sanftes, bewusstes Erlöschen: „Zuerst war es ein Schock, ein wahrer Supergau. Erhard bekam mit 66 Jahren die Diagnose Krebs im fortgeschrittenen Stadium. Er hatte wohl schon eine Zeitlang Krankheitssymptome einfach verdrängt. Er war so lebensfroh. Gerade als Orchestermusiker pensioniert, hatte Erhard viel vor. Er wollte komponieren, in seinem Seniorenquartett anspruchsvolle moderne Musik spielen, neue Musikschüler annehmen und eine Musikerbiographie publizieren. Und nun das Todesurteil. Aber Erhard war es, der zuerst wieder Fassung gewann, während ich mit dem Schicksal seines sich schnell nähernden Endes haderte wie Hiob mit seinem Gott. ‚Ich muss es annehmen', sagte er einmal beim Frühstück zu mir, ‚sonst sterbe ich seelisch aus Verbitterung. Schau mal, mein Leben mit dir, den Kindern und meinem schönen Beruf war so reich. Das haben andere Männer in meinem Alter nicht erlebt. Das Leben hat mich beschenkt.'

Erhard ordnete seine Angelegenheiten, sogar das ‚Fest' seiner Beisetzung, wie er es nannte. Er schrieb mir und den beiden Töchtern je einen Abschiedsbrief, den wir erst nach seinem Tod öffnen durften. Er spendete eine stattliche Summe zur Ausbildung armer Musikstudenten in der Dritten Welt. Als er noch Kraft besaß, bewirtete er die Musiker von seinem Quartett und spielte mit ihnen in unserer Wohnung bei Kerzenschein. Dann wurde er schwächer und schwächer. Bis einen Tag vor seinem Tod hörte er stundenlang Musik und kehrte zu seiner Jugendliebe Bach zurück. Eine Stunde, bevor er für immer einschlief, es war ein sanfter Tod, hauchte er mir noch, fast unhörbar, ein einziges Wort ins Ohr: ‚Danke'."

Stefan, 56, aktiver Eisenbahner, rühmte seine an zwei Gehirntumoren verstorbene Frau Christel (beide Namen geändert) mit den Worten: „Als Christel die Diagnose erhielt und in wenigen Monaten körperlich dramatisch abbaute, verlor sie ein einziges Mal die Fassung. Sie schrie und schluchzte gleichzeitig: ‚Warum muss ich mit 51 Jahren gehen, wo nicht einmal die Kinder mit dem Studium fertig sind! Ich werde auch keine Enkelkinder mehr erleben! Was haben wir gerackert und gespart für unsere Kinder und den Bau des Hauses! Jetzt, wo es uns so gut geht, soll alles zu Ende sein! Warum passiert das ausgerechnet mir! Ich war doch immer so sportlich und auf meine Gesundheit bedacht!'

Nach diesem Zusammenbruch fand Christel jedoch in ihre alte Tapferkeit zurück. Sie regelte, was medizinisch für ihre Krankheit geboten war, sie organisierte noch selbst eine private Krankenschwester für sich und eine Putzfrau für den Haushalt. Auf ihren Wunsch hin, nahm ich die letzten zwei Monate ihres Lebens frei. Ich musste ihr viel vorlesen und ihr ihre Lieblingsspeisen kochen, Spätzle vor allem. Das, ihr Genießenkönnen, genoss ich. Wir haben alte Familienalben durchgeblättert, die erwachsenen Kinder wechselten sich mit ihren Besuchen ab, wir weinten tröstlich zusammen, aber wir lachten auch viel. Ich habe ihrem letzten Wunsch entsprochen, mit starken

Morphiumdosen ihr Leiden in der Schlussphase abzukürzen. In einer der letzten Stunden, als sie noch ansprechbar war und ich allein an ihrem Bett saß, nahm Christel meine rechte Hand, drückte sie und sagte zu mir: ‚Gell, du bleibst nicht allein. Nimm' dir eine gute Frau. Meinen Segen habt ihr.‘ Als sie gestorben war, lag ein Lächeln auf ihrem Gesicht."

Mir scheint, der schlimmste Tod ist ganz anderer Art, als wir ihn in uns vorstellen. Rilke benennt ihn (in: *Die weiße Fürstin*): „Tod ist, wenn einer lebt und es nicht weiß."

Lebenszeit:
Rückblick und Dankbarkeit

*Gesucht ist der ruhige Blick, der wahrnimmt, was war –
an Gutem und an Schlechtem –, ohne daran festzuhalten.
Dann kommt – was immer auch war – der Reichtum des
Lebens ins Gespür und Ideen für die Zukunft, so kurz oder
lang die auch noch sein mag, blitzen auf.*
Verena Kast
Was wirklich zählt, ist das gelebte Leben.
Die Kraft des Lebensrückblicks
Freiburg 2010

Je älter ich werde, desto mehr neige ich zum Rückblick. Ich finde mich, alles in allem, positiv in ihm. Gewiss gibt es, wie ich auch aus dem Leben meiner Klienten erfahre, Schweres, Unerfreuliches, Kränkendes. Bei mir war es die frühe Scheidung meiner Eltern, als ich sechs Jahre alt war. Mit meinem zehnten Lebensjahr begannen die sieben mageren Jahre im Jesuiteninternat in Österreich. Sie kosteten mich meine Kindheit und Jugend, trennten mich von meiner Mutter, den drei Geschwistern, von meinem Freund Michael, von meinem Hund.

Und doch sehe ich jetzt, in der Distanz des Rückblicks, dankbar die Intelligenz und die ärztliche Humanität meiner Eltern, ihre berufliche Kraft und Zähigkeit. Ich bewundere ihre tapfere antinazistische Haltung, die ihnen jahrelang die Verweigerung der kassenärztlichen Zulassung einbrachte. Mit der Mutterbrust eingesogen habe ich gleichzeitig das tiefe Interesse an Menschen und wohl auch die Fähigkeit zu liebender Empathie. Und selbst die Jesuiten, an denen ich jahrzehntelang keinen guten Faden ließ ob ihrer Prügelstrafe, Sexualneurose und rigiden Strenge, haben mir etwas vermittelt – die Disziplin und Achtung vor dem Geistigen. Außerdem waren natürlich, wie immer, auch liebevolle und pädagogisch hervorragende Erzieher unter ihnen. Kant sagt das in seiner Schrift *Über Pädagogik* zutreffend: „Der Mensch kann nur Mensch werden durch Erziehung. Er ist nichts, als was die Erziehung aus ihm macht."

Ich bin dankbar, dass ich ein humanistisches Gymnasium besuchen, Latein und Griechisch lernen durfte, einen vorzüglichen Deutsch- und Geschichtsunterricht genoss. Ich bin dankbar für meine schöne Heimat am Bodensee und für den behaglichen Zauber der badischen Sprache. Ich bin dankbar, dass meine Mutter, mein geschiedener Vater und meine Geschwister viel gelacht haben. Ich freue mich bis zu

meinem Lebensende an meinen klugen und warm-
herzigen Geschwistern Maria Theresia, Albert und
Christoph, der Psychologin und den beiden Ärzten.
Dass meine Kindheit und Jugend von fünf Neufund-
ländern gewärmt wurde, drei bei meiner Mutter,
zwei bei meinem Vater, war ein Geschenk. Es hat
diese schwarzen Gemütsriesen nicht interessiert,
dass ich ein chronischer Schulversager und Bettnäs-
ser war. Heute habe ich wiederum, schon zum zweiten Mal, so einen Liebesbrocken aus Neufundland.
Danke, Halva! Danke Bella!

Mein Studium, Philosophie, Germanistik und Pädagogik, war ein Abenteuer. Ich durfte die Geisteswis-
senschaft studieren, ohne das Lehramtsexamen und
damit den schweren Schuldienst anzugehen, sondern sozusagen als frei schwebende Orchideenwis-
senschaften. Meine Mutter meinte damals: *„Einen
Philosophen können wir uns leisten!"* Die Studen-
tenjahre in Münster, Wien und Bonn haben mich
gemodelt, die Grundlagen meines geistigen Profils
als Philosoph und Philologe gelegt.

Natürlich habe ich auch Mist gebaut, ja, Schuld auf
mich geladen. Ich bin, wie nicht wenige meiner Zeitgenossen der 68er-Ära, etwa Kretschmann, Trittin
oder Ulla Schmitt, zu lange in einer „K-Gruppe"
geblieben und habe der Illusion des Realen Sozialis-

mus nachgeträumt. Der heutige Ministerpräsident Baden-Württembergs Winfried Kretschmann hat (in: STERN, 32/2011) zu seiner studentischen Vergangenheit im KBW (Kommunistischer Bund Westdeutschland) gesagt – und mir aus der Seele gesprochen: „Ich verstehe das heute nicht mehr. Wie gerät man in eine solche Sektenmentalität, das beschäftigt mich noch immer."

Ich habe Frauen gekränkt. Ich habe es nicht vermocht, meine erste Ehe zu entwickeln. Und doch habe ich viel von meiner damaligen Frau Katharina gelernt, und wir sind uns dankbar verbunden. Ich war beruflich oft ängstlich und traute mich lange nicht, in eine neue Position zu springen. Gleichwohl habe ich in allen Berufen, als Journalist einer Friedenszeitung, als Lehrbeauftragter für Philosophie und Geschichte an einer Fachhochschule und als fester freier Mitarbeiter von Buchmagazinen unentwegt gelernt und mein Gehirn mit geistigen Frischzellen gefüttert.

Dankbar bin ich auch, dass ich als eher therapieresistenter Mann, den Mut zur fünfjährigen Einzel- und Gruppentherapie aufbrachte. Da habe ich, von kundigen und menschenliebenden Therapeuten und Therapeutinnen geleitet, mein Leben aufgearbeitet, Schuld, Versagen, Leistung und persönliche Gaben reflektiert. Ich bin wieder ein lebendiger Mensch geworden. Als ich meinem noch jungen Psychotherapeuten Harry meine Essstörung offenbarte, also den untauglichen Versuch, meine Seelenlöcher des Minderwertigkeitskomplexes, der Selbstabwertung und der Angst vor Menschen mit nächtlichen Fressorgien zu stopfen, gab er mir den Satz mit, der mein Leben veränderte: „Mathias, du solltest um elf Uhr abends nicht den Kühlschrank umarmen, sondern einen Menschen."

Dass ich später in der Mitte meiner Vierzigerjahre als ehrenamtlicher Leiter des Düsseldorfer Männerbüros half, in den Gesprächsgruppen die Teilnehmer und mich selbst dazu zu bringen, eine neue Männlichkeit zu entwickeln, macht mich ebenfalls stolz.

Gleichzeitig wagte ich einen Riesensprung in meinem Leben – ich absolvierte fünf Jahre lang berufsbegleitend die Ausbildung zum Gestalttherapeuten/ Integrativen Therapeuten bei Prof. Petzold in Düsseldorf/Hückeswagen und zum systemischen Paartherapeuten bei Dr. Hans Jellouschek in Tübingen. Kaum war ich fertig, im fünfzigsten Lebensjahr, bekam ich meinen Platz als Therapeut und Lebensberater im Gesundheitszentrum Dr. Max-Otto Bruker-Haus in Lahnstein. Ich kann mich bis heute vor Anfragen zu meinen Sprechstunden nicht retten. Glück über Glück. Ich kam in die Leitung des Hauses, gestaltete die Planung des Neubaus mit. Dr. Bruker ermutigte mich, einmal wöchentlich einen psychologischen oder philosophischen Vortrag im großen Seminarraum zu halten. Ich sagte ängstlich: „Da kommt doch kein Schwein." Dr. Bruker antwortete: „Ich bin das erste Schwein." Tatsächlich nahm er bis kurz vor seinem Tod an meinen Vorträgen interessiert lauschend teil. Seit 1994 finden sich dienstags abends um 18.30 Uhr regelmäßig über einhundert Zuhörer in unserem großen Seminarraum ein. Die zu spät Gekommenen können die Übertragung im Foyer über Lautsprecher hören.

Ich sage das nicht, um anzugeben. Ich spüre vielmehr, dass ich trotz aller Beschwernisse ein Sonntagskind des Lebens bin, mit einer Glückshaut. Wenn ich all die Menschen, die mich gefordert und gefördert haben und mich mit ihrer liebenden Resonanz und Wertschätzung formten, um mich versammeln wollte, würde unser Seminarraum aus den Nähten platzen.

Was nicht gut war in meinem Leben, kann ich nicht widerrufen. Erwachsenwerden, schreibt die Lyrikerin Hilde Domin, „heißt, den Mangel im Leben zu akzeptieren". Ich tröste mich manchmal in Zeiten des Selbstzweifels mit Frank Sinatra und seinem weltberühmten Song: „I did it my way."

Ich bin auch dankbar für meine Ernährungsumstellung, zu der meine frühere Frau Katharina, ferner Barbara Rütting und entscheidend Dr. Bruker beigetragen haben. Dankbar bin ich deshalb auch für meine daraus resultierende körperliche Fitness und meine geistige Neugier. Dankbar bin ich weiter für meine wundervolle Frau Ilse Gutjahr-Jung, die langjährige Chefin des Hauses und heutige Vorsitzende der Gesellschaft für Gesundheitsberatung GGB. Ich genieße mit ihr die tiefste Liebe meines Lebens. Dankbar bin ich schließlich für meinen klugen Sohn Martin Gutjahr-Jung. Er brachte nicht nur seine gescheite und schöne Arztfrau, sondern insgesamt auch vier Enkelkinder in mein Leben. Welche Fülle zur fortgeschrittenen Zeit!

Dankbarkeit ist Versöhnung, auch mit Schwerem. Der frühere Außenminister Hans-Dietrich Genscher etwa ist dankbar, welche Haltung er aus seiner schweren Lungentuberkulose mit neunzehn Jahren gewonnen hat. Die Rettung war einer seiner Ärzte. Genscher (in: *ZEIT MAGAZIN 20/2011*): „Er redete mir ins Gewissen, nichts, aber auch gar nichts mit der Krankheit zu entschuldigen. Dieser Arzt hat mir meine Lebensphilosophie gegeben. Seinem Rat folgend, habe ich mich bemüht, mein Jurastudium trotz allem schnell zu bewältigen. Ich stellte mein Leben voll und ganz auf die Krankheit ein … Meine Freunde kamen zu mir in die Klinik und brachten mir aus den Vorlesungen Notizen mit. Was Thomas Mann im *Zauberberg* über Lungenheilstätten schreibt, ist Realität. Man konnte dort lebensuntüchtig werden." Der junge Sachse ging auf Überholspur. Er sagt: „Erstaunlicherweise, meine schwächste Zeit machte mich stark."

Dankbarkeit und *Integration* der eigenen Lebensgeschichte setzt Versöhnung voraus: mit den Eltern, den Geschwistern, unseren Erbanlagen, Schicksalsschlägen, erlittenen Ungerechtigkeiten, unseren eigenen Irrtümern, unserer Schuld, unseren Fehlentscheidungen. Wo wir uns versöhnen, auch mit Expartnern oder ehemaligen Gegnern im Beruf, vermögen wir auch zu verzeihen. Nur der Starke kann verzeihen. Der Schwächling wird immer nachtragen. Verzeihen ist eine friedens- und persönlichkeitsstiftende Kraft. Die Aphoristikerin Marie von Ebner-Eschenbach erkannte: „In dem ganzen Bereich menschlicher Schuld gibt es nur eine unverzeihliche: nicht verzeihen zu können."

Dankbarkeit ist Zeitbewältigung und der Schlüssel zur Zufriedenheit. Schon ein Kind lernt bei seinen ersten sprachlichen Alleingängen das Zauberwort *Bitte* und *Danke*. Ursula Nuber, die stellvertretende Chefredakteurin der Zeitschrift *Psychologie Heute* berichtet (im November 2003) über den Stand der „Dankbarkeitsforschung" wie folgt: „Dankbarkeit, so die Erkenntnis der Forscher, ist eine wichtige psychologische Ressource, die einem das Leben unendlich erleichtern kann. Dieses Gefühl, tief empfunden, schützt vor Enttäuschungen, Verbitterung und nimmt den unvermeidlichen Nackenschlägen des Schicksals viel von ihrer Kraft. Ein Ergebnis einer Studie der Psychologieprofessoren an der Universität von Kalifornien A. Emmons und Charles M. Shelton war: „Studienteilnehmer, die bewusst auf dankbarkeitsfördernde Erlebnisse achten sollten, berichteten über größeres psychisches Wohlbefinden und zeigten mehr prosoziales Verhalten. Sie halfen anderen bei persönlichen Problemen, boten häufiger emotionale Unterstützung an und engagierten sich sozial (ehrenamtliche Tätigkeit, Spenden etc.). Menschen, die an einer neuromuskulären Krankheit litten, wurden aufgefordert, über drei Wochen hinweg aufzuschreiben, wofür sie dankbar waren. Am Ende der Studie hatte sich ihre Stimmung verbessert, sie berichteten über stärkere soziale Bindungen und waren optimistischer und schliefen besser. Dankbare Menschen leiden seltener unter depressiven Verstimmungen und Stresssymptomen."

Wir alle können das praktizieren, was Ursula Nuber die „Dankbarkeitstherapie" nennt. Dankbarsein bricht kein Bein, sondern stützt uns spürbar. Ursula Nuber: „Natürlich ist niemand dankbar für Leid und Ungerechtigkeiten, die ihm widerfahren. Doch dankbaren Menschen gelingt es, ein negatives Ereignis positiv umzudeuten. So sehen sie in einem Arbeitsplatzverlust die Chance für einen längst fälligen Neubeginn, erleben in der Trauer um einen geliebten Menschen bewusst die Zuwendungen und Unterstützung ihrer Freunde, erkennen in einer Krankheit einen Sinn. Wer mit wertschätztem Blick durchs Leben geht, erkennt sogar noch im Desaster etwas Gutes."

Der Philosoph Baruch de Spinoza (1632 – 1677) sagt in seiner *Ethik*: „Dank oder Dankbarkeit ist die Begierde oder der Eifer der Liebe, dem wohlzutun, der uns aus dem gleichen Affekt der Liebe wohlgetan hat." Kant sagt das in seinem Werk *Die Metaphysik der Sitten* mit gewohntem moralischem Rigorismus: „Dankbarkeit ist Pflicht."

Die Schweizer Psychoanalytikerin Verena Kast plädiert in ihrem Mut machenden Buch *Was wirklich zählt, ist das gelebte Leben* für die positive *Biographiearbeit:* „Es geht nicht um das Glorifizieren der Vergangenheit oder das Starren auf die eigenen Fehler, nicht darum, sich als großartiges Opfer der Umstände zu verstehen, wohl aber darum, das Schwere zu sehen und durchaus auch zu beklagen: keineswegs aber, um in der Klage steckenzubleiben, sondern um das Schwierige dann auch hinter sich zu lassen und dabei wahrzunehmen, was dennoch im eigenen Leben möglich war. … Gesucht ist der ruhige Blick, der wahrnimmt, was war, an Gutem und an Schlechtem – ohne daran festzuhalten. Dann kommt – was immer auch war – der Reichtum des Lebens ins Gespür und Ideen für die Zukunft, so kurz oder lang die auch noch sein mag, blitzen auf. Es gibt in jedem Leben Erfahrungen, die eingekapselt sind, die eingefroren sind, und die durch die Erinnerung wieder ins Fließen kommen und die, ins Hier und Jetzt transportiert, Ressourcen für die Zukunft darstellen können."

Biographiearbeit – das heißt allein oder mit Hilfe von Geschwistern, Freunden, vielleicht sogar mit einigen Stunden psychotherapeutischer Unterstützung, sein äußeres und inneres Leben zu rekonstruieren, zu analysieren und, alles in allem, wertschätzen zu lernen. Der Baron Guy de Rothschild, früherer Chef der französischen Linie der Rothschilds, bekannte (in dem bereits zitierten Buch *Lebenslinien*) sich zu den Katastrophen seines Lebens – der Emigration als Jude nach England, der Verstaatlichung seiner Bank durch Premier Mitterand. Er rühmte aber auch die Tatsache, dass ihm durch die Psychoanalyse eine Innenschau mit großem Lebensgewinn gelungen sei:

„Eine große Hilfe mit dem Umgang mit dem Leben, mit den Menschen und mit mir selbst war die Psychoanalyse, die ich im Alter von fünfundzwanzig Jahren gemacht habe. Kurz vor dem Krieg war das in gewissen Familien, vor allem in England, sozusagen Mode. Das war damals neu und sehr fortschrittlich. Man hoffte, dabei Wunder in sich selbst zu entdecken, auch ich. Wunder habe ich zwar nicht entdeckt, aber doch etwas, was mir im Leben sehr geholfen hat: Ich habe gelernt, zu analysieren und klar zu sehen. Zunächst einmal mich selbst. Ich begann zum Beispiel zu verstehen, warum mich manche Situationen verletzten und ich mich auf bestimmte Art verhielt. Wenn man ihre Mechanismen versteht, kann man mit den Dingen besser umgehen." Das sagte der damals siebenundneunzigjährige erfolgreiche Bankier. Er hätte Sokrates (470 – 399 v. Chr.) zugestimmt, der vor dem Athener

Tribunal, das ihn zum Tode verurteilte, feststellte: „Ein Leben ohne Selbsterforschung verdiente nicht gelebt zu werden."

Das Ergebnis von Biographiearbeit kann auch eine schriftliche Aufzeichnung, sozusagen das Psychogramm unserer selbst sein. Wir können uns dazu von einem Familienangehörigen interviewen lassen oder mit Bert Brecht den „V-Effekt" wählen, das heißt die Verfremdung. Das kann geschehen, indem du, liebe Leserin, lieber Leser, beispielsweise dein eigenes Leben als Märchen nacherzählt: „Es war einmal ein kleines Mädchen." „Es war einmal ein kleiner Junge." Märchen halten es immer mit den Schwachen, zu kurz Gekommenen. Märchen sind in das Gelingen verliebt und enden mit einem Happy End. Sie rücken die Schönheit und die Schwere des Lebens in Bilder und Symbole. Sie rufen auf zum Widerstand. Es würde nicht reichen, wenn die arme Gretel der bösen Hexe eine schriftliche Abmahnung schickte, nein, sie muss sie in das Feuer des Backofens stoßen. Das Märchen, *mein* Märchen, ist so schön und so hart wie das Leben selbst.

Gerade in einer Märchenform realisiert sich das, was Verena Kast die *Freudenbiographie* nennt. Meist klauben wir ja unsere Lebensgeschichte aus den Trümmern der Schwierigkeiten heraus. Die Freudenbiographie nimmt eine entgegengesetzte Perspektive ein. Kast: „Es wird danach gefragt, wie und in welchen Situationen im Leben Freude und freudiger Stolz erlebt worden sind: Wie wir uns die Freude bewahrt haben, wie wir sie abgewehrt haben, wie sie einem verdorben wurde und was aus ihr im Laufe des Lebens geworden ist … Dabei werden wichtige, schwierige Veränderungen im Leben unvermeidlich sichtbar, ja in ihrer emotionalen Bedeutung sogar greifbarer. Da die Emotion der Freude das Selbstwertgefühl stärkt, ist es leichter, auch zu schwierigen Situationen zu stehen."

Freudenbiografie, das bedeutet auch den dankbaren Rückblick und den stolzen Blick auf das intelligente vitale Kind, das wir einmal waren. Wie sagt doch Freud: „Was ist die strahlende Intelligenz eines Kindes gegen den durchschnittlichen Intellekt eines Erwachsenen."

Biografiearbeit in jeder Form lässt uns auch positiver das nicht erfüllte, noch Ungelebte unseres Lebens entdecken. Sie entfacht aus der glimmenden Glut der Vergangenheit das Feuer der Sehnsucht und damit das Transzendieren des lähmenden *status quo* zu Gunsten neuer Projekte. Unter Biografiearbeit verstehen wir die gesellschaftlichen, mentalen und geschlechtstypischen Wurzeln unserer Ich-Bildung zu begreifen. Wir lernen, milde über uns zu urteilen. Eine Frau mag erkennen, dass die Abtreibung ihres ersten Kindes, die sie heute noch mit Schmerzen erfüllt, auch den gesellschaftlichen Missständen früherer Jahrzehnte zu verdanken war, in denen ein uneheliches Kind zur Schande von Mutter und Kind führte. Ein anderer mag erkennen, dass seine einfache Herkunft ihn daran hinderte, höhere Bildungschancen zu realisieren. Wir alle brauchen, wie bei einem Gerichtsverfahren, das Anrecht auf „mildernde Umstände" für uns selbst.

Am Ende sollte der Spruch der Selbsterlösung stehen: „ego me absolvo, ich löse mich von meiner Schuld". Eugen Drewermann begründet diesen Transfer vom früheren Losspruch durch den Priester auf das mündige Individuum (in: *Ich steige hinab in die Barke der Sonne*) mit den Worten: „Dass Menschen in Schuld geraten, ist schlimm; aber sich schuldig zu fühlen und nicht an Vergebung glauben zu können, das ist die Hölle."

Jeder von uns möchte gern ein reifer erwachsener Mensch sein. Aber ist das überhaupt möglich? Der amerikanische Schriftsteller Truman Capote (1924 – 1984) lässt in seinem Roman *Erhörte Gebete* eine seiner freizügigen Heldinnen, Colette, sagen: „Aber das ist ja das Einzige, was niemand von uns je sein kann: ein erwachsener Mensch. Falls Sie einen Geist meinen, nur gehüllt in Sack und Asche der Weisheit? Frei von allem Bösen – Neid und Bosheit und Habgier und Schuld? Unmöglich. Voltaire, sogar Voltaire lebte mit einem Kind im Innern, eifersüchtig und zornig, ein schmutziger kleiner Junge, der ständig an seinen Fingern roch. Voltaire trug dieses Kind mit sich herum bis ins Grab, wie wir alle es tun werden. Der Papst auf seinem Balkon … der von einem hübschen Gesicht in der Schweizer Garde träumt. Und der britische Richter mit vornehmer Perücke, woran denkt er, während er einen Mann an den Galgen bringt? An Gerechtigkeit und Ewigkeit und *reife* Dinge? Ober überlegt er womöglich, wie er es schaffen kann, in den Jockey Club aufgenommen zu werden? Natürlich haben Menschen erwachsene *Augenblicke,* einige wenige edle Momente, hier und da verstreut, und der wichtigste davon ist natürlich der Tod. Denn der Tod verjagt endlich diesen schmutzigen kleinen Jungen und macht das, was von uns übrig ist, einfach zu einem Gegenstand, leblos, aber rein, so wie die weiße Rose hier."

Wenn es denn eine schwere Schuld gibt, so ist es der Verrat an der Liebe zu sich selbst. In einem Lebenszeitrückblick eigener Art, seiner Geburtstagsrede zum siebzigsten Geburtstag, begründete Charlie Chaplin sein inneres Wachstum so:

Als ich mich selbst zu lieben begann,
habe ich verstanden, dass ich immer und bei jeder
    Gelegenheit
zur richtigen Zeit am richtigen Ort bin
und dass alles, was geschieht, richtig ist –
von da an konnte ich ruhig sein.
Heute weiß ich: Das nennt man „VERTRAUEN".

Als ich mich selbst zu lieben begann,
konnte ich erkennen, dass emotionaler Schmerz
    und Leid
nur Warnungen für mich sind, gegen meine eigene
    Wahrheit zu leben.
Heute weiß ich: Das nennt man „AUTHENTISCH
    SEIN".

Als ich mich selbst zu lieben begann,
habe ich aufgehört, mich nach einem anderen Leben zu
    sehnen
und konnte sehen, dass alles um mich herum eine
    Aufforderung zum Wachsen war.
Heute weiß ich, dass nennt man „REIFE".

Als ich mich selbst zu lieben begann,
habe ich aufgehört, mich meiner freien Zeit zu
    berauben,
und ich habe aufgehört, weiter grandiose Projekte für die
    Zukunft zu entwerfen.

Heute mache ich nur das, was mir Spaß und Freude
    macht,
was ich liebe und was mein Herz zum Lachen bringt,
auf meine eigene Art und Weise und in meinem Tempo.
Heute weiß ich, dass nennt man „EHRLICHKEIT".

Als ich mich selbst zu lieben begann,
habe ich mich von allem befreit, was nicht gesund für
    mich war,
von Speisen, Menschen, Dingen, Situationen
und von allem, das mich immer wieder hinunterzog,
    weg von mir selbst.
Anfangs nannte ich das „Gesunden Egoismus",
aber heute weiß ich, das ist „SELBSTLIEBE".

Als ich mich selbst zu lieben begann,
habe ich aufgehört, immer recht haben zu wollen,
so habe ich mich weniger geirrt.
Heute habe ich erkannt: das nennt man „DEMUT".
Als ich mich selbst zu lieben begann,
habe ich mich geweigert, weiter in der Vergangenheit
    zu leben
und mich um meine Zukunft zu sorgen.
Jetzt lebe ich nur noch in diesem Augenblick,
    wo ALLES stattfindet,
so lebe ich heute jeden Tag und nenne es „BEWUSST-
    HEIT".

Als ich mich zu lieben begann,
da erkannte ich, dass mich mein Denken armselig
und krank machen kann.
Als ich jedoch meine Herzenskräfte anforderte,
bekam der Verstand einen wichtigen Partner.
Diese Verbindung nenne ich heute „HERZENS-
WEISHEIT".

Wir brauchen uns nicht weiter vor Auseinander-
setzungen,
Konflikten und Problemen mit uns selbst und anderen
zu fürchten,
denn sogar Sterne knallen manchmal aufeinander
und es entstehen neue Welten.
Heute weiß ich: DAS IST DAS LEBEN!

Haben wir unsere Zeit totgeschlagen? Das ist die
alles entscheidende Frage. Sie wird umso dring-
licher, je älter wir werden. Können wir unsere Zeit
neu füllen? Wurde uns das Unglück in unserem
Leben zum Lehrmeister des Glücks? Ein kleiner
Zweizeiler von Eugen Roth (1895 – 1976) hat mir
immer wieder geholfen, die „Kunst des Scheiterns"
zu erlernen:

Ein Mensch blickt in die Zeit zurück,
Er sieht, sein Unglück war sein Glück.

Joanne K. Rowling, die literarische Mutter von Harry Potter, nach der Queen die zweitreichste Frau Großbritanniens und wohl die erfolgreichste, wagte in ihrer vor den Absolventen der Universität Harvard im Juli 2008 gehaltenen Rede einen Lebenszeitrückblick voller Dankbarkeit und Ermutigung: „Ich stehe hier nicht, um Ihnen zu erzählen, wie toll das Scheitern ist. Diese Periode meines Lebens war eine dunkle, und ich hatte damals keine Ahnung, dass sich das dann wie im Märchen positiv auflösen würde. Ich hatte keine Ahnung davon, wie lang der Tunnel sein würde, und dass am Ende Licht sein würde, war vielmehr eine Hoffnung als eine realistische Einschätzung."

Warum sprach die Schriftstellerin dann von den „Vorteilen des Scheiterns"? „Einfach deshalb, weil das Scheitern hilft, alles Unwesentliche abzulegen. Ich war gezwungen damit aufzuhören, mir vorzuspielen, dass ich irgendetwas anderes war als ich selbst, und ich begann, meine ganze Energie darauf zu konzentrieren, die einzige Arbeit zu vollenden, die mir wichtig war. Wenn ich irgendwo anders erfolgreich gewesen wäre, hätte ich vielleicht nie die Entschlossenheit gehabt, auf dem einzigen Gebiet erfolgreich zu werden, wo ich wirklich hingehörte. Ich konnte mich nur deshalb befreien, weil meine größte Befürchtung eingetreten war und ich trotzdem weiterlebte, und ich eine Tochter hatte, die ich liebte, meine alte Schreibmaschine und eine große Idee. Dieser absolute Tiefpunkt war das starke Fundament, auf dem ich mein Leben neu aufbaute."

Die Bitterkeit hat also nicht das letzte Wort, auch die des Weltphilosophen des Pessimismus, Arthur Schopenhauer (1788 – 1860) nicht. Er bekannte am Ende seines Lebens: „Ich bin glücklicher als die meisten meinesgleichen. Mein Leben ist ein fortgesetztes Studium gewesen, das sein eigener Lohn ist, und ich schätze mich glücklich, dass ich mein ganzes Leben lang dieser Anlage folgen konnte, dieser Art von Instinkt, die mich an die Gegenstände bringt, für die ich gemacht bin, und dass ich immer *Herr meiner Zeit* (von mir hervorgehoben – M. J.) gewesen bin. Wenn ich Reichtümer angesammelt hätte, würden sie mich nicht vor dem Leiden des Alters schützen; aber ich habe Kenntnisse gesammelt und das Interesse für die großen Wahrheiten gewonnen, für die Philosophie, für meine Werke, und das, was dazugehört, ist das Wesen meines Daseins geworden. Das ist es, was mir Sicherheit vor der Langeweile des Alters gibt, es wird lange dauern, selbst bis ans Ende: ich kenne keine Langeweile und bin unabhängig von den Menschen, in jeder Hinsicht."

„Ich habe keine Zeit", das ist eine Ausrede. Der Tod wird uns alle Zeit nehmen. Nehmen wir uns stattdessen, immer wieder aufs Neue, Atempausen, Muße und Stille für das Leben: jetzt.

Ein Verlag, ein Haus, eine Philosophie.

Millionen Bundesbürger kennen den kämpferischen Ganzheitsarzt Dr. Max Otto Bruker (1909 – 2001) aus dem Fernsehen, aus Vorträgen, durch den „Mundfunk" überzeugter Patienten. Vor allem lesen sie aber die rund 30 Bücher des schwäbischen Humanisten und Seelenarztes. Mit einer Gesamtauflage von über drei Millionen Exemplaren ist Max Otto Bruker der wohl bedeutendste medizinische Erfolgsautor im deutschsprachigen Raum. Der – in der Nachfolge des Schweizer Reformarztes Bircher-Benner scherzhaft „Deutschlands Vollwertpapst" genannte – Massenaufklärer, langjährige Klinikchef und Ernährungsspezialist lehrt zwei fundamentale Erkenntnisse Patienten wie Gesunden: Der Mensch wird krank, weil er sich falsch ernährt. Der Mensch wird krank, weil er falsch lebt.

Hinter den Erfolgstiteln des emu-Verlages steht ein bedeutender Forscher und Arzt, eine Bewegung, ein Haus und tausende Schülerinnen und Schüler. 1994 wurde das „Dr.-Max-Otto-Bruker-Haus", das Zentrum für Gesundheit und ganzheitliche Lebensweise, auf der Lahnhöhe in Lahnstein bei Koblenz bezogen. Es stellt die äußere Krönung des Brukerschen Lebenswerkes dar: Der lichte Bau mit seinem Grasdach, den Sonnenkollektoren, seinen Seminarräumen, dem Foyer mit der Glaskuppel, dem liebevollen Biogarten und der Kneippanlage ist als Treffpunkt für all jene konzipiert, denen körperliche und seelische Gesundheit, ökologische und spirituelle Harmonie Herzensbedürfnis und Sehnsucht sind.

Hinter dem eleganten Halbmondkorpus mit dem markanten Grasdach verbirgt sich eine Begegnungsstätte für Gesundheitsbewusste, Seminarteilnehmer, Trost-, Ruhe- und Anregungsbedürftige.

Feste Termine:

Jeden Dienstag, 18.30 Uhr: Vortrag Dr. phil. Mathias Jung (Lebenshilfe und Philosophie)
Jeden Mittwoch, 10.30 Uhr: Fragestunde mit Dr. med. Jürgen Birmanns (Ärztlicher Rat aus ganzheitlicher Sicht)

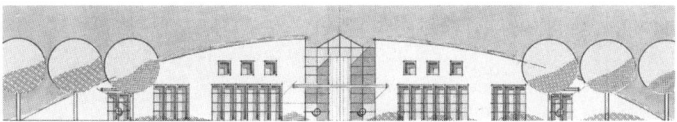

Das Dr.-Max-Otto-Bruker-Haus

Ausbildung Gesundheitsberater/in GGB
Lebensberatung/Frauen-, Männer- und Paargruppen

Die vitalstoffreiche Vollwertkost hat ihre Verbreitung, auch im klinischen Bereich, durch die unermüdliche Information und praktische Durchführung von Dr. M. O. Bruker gefunden. Um die Erkenntnisse gesunder Lebensführung und die durch falsche Ernährung provozierte Krankheitslawine ins öffentliche Bewusstsein zu rücken, bildet die von ihm 1978 gegründete „Gesellschaft für Gesundheitsberatung GGB e.V." ärztlich geprüfte Gesundheitsberaterinnen und Gesundheitsberater GGB aus. Über 5000 Frauen und Männer haben bislang die berufsbegleitende Ausbildung bestanden und wirken in Volkshochschulen, Bioläden, Lehrküchen, Krankenhäusern, ärztlichen Praxen, Krankenversicherungen und ähnlichen Bereichen.

Auf der Lahnhöhe erhalten sie durch das GGB-Expertenteam nicht nur eine sorgfältige Grundlagenausbildung über die vitalstoffreiche Vollwerternährung und den Krankmacher der „entnatürlichten" (denaturierten) Zivilisationsernährung (raffinierter Fabrikzucker, Auszugsmehle, fabrikatorische Öle und Fette, tierisches Eiweiß usw.), sondern gewinnen auch Einblick in die leibseelischen Zusammenhänge der Krankheiten.

Praxisseminare/Kochkurse

Das Dr.-Max-Otto-Bruker-Haus verfügt über eine Lehrküche sowie einen großen Kräutergarten. Hier werden zahlreiche vegetarische Koch- und Backkurse für eine moderne vitalstoffreiche Vollwertkost angeboten. Der Schwerpunkt liegt auf einer „alltagstauglichen" aber dennoch fantasievollen, gesunden Ernährung ohne Tiereiweiß.

Das Programm umfasst Einführungskurse in die vitalstoffreiche Vollwertkost, Brotbackkurse, Männerkochkurse, Weihnachtsbäckerei, einen Kurs „Kaltes Büfett" und seit 2011 auch Wildkräuterseminare (incl. Zubereitung von Wildkräutergerichten).

Anfragen zur Gesundheitsberater-Ausbildung wie zu allen weiteren Seminaren, den Selbsterfahrungsgruppen, Lebensberatung, Gestalt- und Paartherapie bei Dr. Mathias Jung und weiteren Tages- und Wochenendseminaren sowie Einzelberatung sind zu richten an die Gesellschaft für Gesundheitsberatung GGB e.V., Dr.-Max-Otto-Bruker-Str. 3, 56112 Lahnstein (Tel.: 0 26 21/91 70 10, 91 70 17, 91 70 18, Fax: 0 26 21/91 70 33).
E-Mail: seminare@ggb-lahnstein.de
Internet: www.ggb-lahnstein.de
Fordern Sie ebenfalls ein kostenloses Probe-Exemplar der Zeitschrift „Der Gesundheitsberater" an.

Von Dr. Jung sind im emu-Verlag bisher in der „blauen reihe" erschienen:

  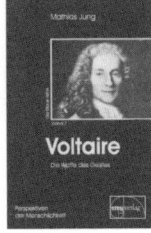 

Von Dr. Jung sind im emu-Verlag bisher in der „roten reihe" erschienen:

Von Dr. Jung sind im emu-Verlag bisher in der „gelben reihe" erschienen:

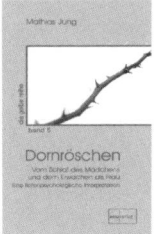

Von Dr. Jung sind im emu-Verlag bisher in der Sprechstunden-Reihe erschienen:

Von Dr. Jung sind im emu-Verlag bisher in der Sprechstunden-Reihe erschienen:

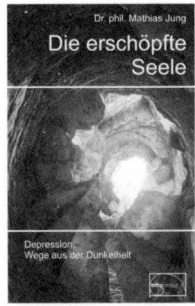

Von Dr. Jung ist im emu-Verlag eine Bibelinterpretation nach Walther H. Lechler erschienen:

Von Dr. Jung sind in Zusammenarbeit mit
der Grafikerin Andrea Montermann (Illustrationen)
folgende Titel erschienen:

Von Dr. Jung sind im emu-Verlag folgende Vorträge als Audiokassetten bzw. CDs erschienen:

Lebensberatung

- Mein Charakter – mein Schicksal?*
- Die erschöpfte Seele – Depression*
- Das Verdrängte in unserer Seele
- Die Wunde der Ungeliebten
- Das Nein in der Liebe
- Was ist der Sinn des Lebens?
- Meine Sprache – meine Seele
- Söhne brauchen Väter
- Krankheit als Kränkung und Anpassung
- Eifersucht – ein Schicksals- schlag?*
- Der Mann – ein emotionales Sparschwein*
- Geschwisterliebe – Geschwister- rivalität*
- Verlassen und verlassen werden
- Neurodermitis – Fehlernährter Körper – Aufgekratzte Seele
- Das sprachlose Paar*
- Zweite Lebenshälfte – Endlichkeit und Aufbruch
- Das Drama der Trennung*
- Ein Zimmer für mich
- Mut zur Angst
- Sexualität – Lust und Last
- Außenbeziehung – Krise oder Chance
- Liebesverträge in der Beziehung
- Lob der Einsamkeit

- Aggressionen unter Liebenden
- Mehr Zeit für mich
- Alkoholkrank: Der Betroffene und seine Familie
- Lebensbedingte Krankheiten nach Dr. M. O. Bruker
- Meditation: Freude Angst – Hoffnung
- Alter und Tod. Rätsel der Natur
- Verzeihen und Versöhnen*
- Frieden mit den Eltern
- Das Paar im Wandel: Jugend, Mitte, Alter
- Sexueller Missbrauch
- Seele – Sucht – Sehnsucht*
- Organtransplantation – Sterben auf Bestellung?
- Humor und Zärtlichkeit
- Suizid – der Betroffene und die Angehörigen
- Übergewicht – der Kampf mit dem eigenen Körper
- Das Rätsel psychosomatischer Krankheiten*
- Arbeit – Fluch oder Lebenselixier

Märchen

- Der kleine Prinz – mein verschüttetes Ich*
- Froschkönig – Glück und Zähneklappern der Liebe
- Das verletzte Kind in mir oder Hans mein Igel*

* auch als CD erhältlich

- Sein und Schein oder Des Kaisers neue Kleider
- Schneewittchen oder Das Drama des Neides
- Siddharta: das Rätsel des Lebens*
- Eisenhans oder Wie ein Mann ein Mann wird
- Das tapfere Schneiderlein oder Mut zum Leben
- Eigensinn oder Die Möwe Jonathan
- Elternablösung – Hänsel und Gretel*
- Außenseiter – Das hässliche Entlein*
- Befreiung der Weiblichkeit – Das Märchen Blaubart*
- Tödliches Schweigen – Der Fischer und seine Frau
- Schneewittchen – Der Mutter-Tochter-Konflikt
- Dornröschen – Das Erwachen zur Frau*
- Das kalte Herz – Ein Männermärchen*
- Rapunzel – Der Prozess der Ablösung

Philosophie

- Sokrates oder Die Norm meines Gewissens
- Seneca oder Die Freude des Augenblicks
- Augustinus oder Der Zwiespalt
- Giordano Bruno oder Die neue Welt
- Montaigne oder Das Leben als Meisterstück
- Descartes oder Der Januskopf der Wissenschaft
- Spinoza oder Das Abenteuer der Diesseitigkeit
- Hobbes oder Die Zähmung der Bestie Mensch
- Leibniz oder Die Beste aller Welten
- Hume oder Das Ende des dogmatischen Schlummers
- Voltaire oder Die Waffe des Geistes
- Kant oder Die Mündigkeit
- Hegel oder Der Fortschritt
- Feuerbach oder Die Sache mit Gott
- Marx oder Die Entfremdung des Menschen
- Schopenhauer oder Die Qual des Seins
- Nietzsche oder Die Hymne auf das Leben
- Heidegger oder Die Angst
- Jaspers oder Die Weltphilosophie
- Hannah Arendt oder Vom tätigen Leben
- Bloch oder Das Prinzip Hoffnung
- Popper oder Die offene Gesellschaft
- Sartre oder Die Freiheit

Literatur

- Lessing – Die Toleranz
- Wieland – Die Aufklärung

*auch als CD erhältlich

- Goethe – Dichtung und Wahrheit
- Schiller – Der Atem der Freiheit
- Jean Paul – Humor und Menschenliebe
- Hölderlin – Griechenland mit der Seele suchen
- Kleist – Die Zerrissenheit des Menschen
- Novalis – Die blaue Blume der Romantik
- Eichendorff – Posthorn und Waldesrauschen
- Hauff – Die Magie der Märchen
- E. T. A. Hoffmann – Die Elixiere des Teufels
- Storm – Ohne Hoffnung künftigen Seins
- Raabe – Chronist des Kleinbürgertums
- Gottfried Keller – Romeo und Julia auf dem Dorf
- Annette von Droste Hülshoff – „Fesseln will man uns am eigenen Herde"
- Stifter – das Sanfte Gesetz

* auch als CD erhältlich